汽车金融催收新谈

主编 王 静 丁 涛
参编 王 宇 寿文捷
　　　赵璐怡 赵志豪

苏州大学出版社

图书在版编目(CIP)数据

汽车金融催收新谈/王静,丁涛主编. —苏州:
苏州大学出版社,2017.1(2020.6 重印)
ISBN 978-7-5672-1909-0

Ⅰ.①汽… Ⅱ.①王… ②丁… Ⅲ.①汽车-金融-应收账款-账务管理 Ⅳ.①F830.571②F840.63

中国版本图书馆 CIP 数据核字(2017)第 008048 号

书　　名	汽车金融催收新谈
主　　编	王　静　丁　涛
责任编辑	施　放　王　娅
封面设计	吴　钰

出版发行	苏州大学出版社(Soochow University Press)
社　　址	苏州市十梓街1号　邮编:215006
印　　装	南通印刷总厂有限公司
网　　址	http://www.sudapress.com
邮　　箱	sdcbs@suda.edu.cn
邮购热线	0512-67480030
销售热线	0512-67481020
开　　本	880 mm×1230 mm　1/32　印张:6.75　字数:176 千
版　　次	2017 年 1 月第 1 版
印　　次	2020 年 6 月第 4 次修订印刷
书　　号	ISBN 978-7-5672-1909-0
定　　价	39.00 元

凡购本社图书发现印装错误,请与本社联系调换。服务热线:0512-67481020

作者简介

王　静　工商管理硕士，从事金融工作12年，5年北美信贷风险管理，7年中国汽车金融行业经验，覆盖贷前审批、征信调查，贷后催收等风控领域。现任职于上海某汽车金融有限公司风险管理部。主笔本书第一章1.1、1.2，第二章2.1和第四章，并负责本书上篇非诉催收全部章节的编撰。

丁　涛　法律硕士，获得司法职业资格，从事法律工作15年，曾任法院法官，涉足法院执行资产处置、央企集中采购管理、保险行业法律纠纷处理、资产保全催收等相关领域，现任职于上海某汽车金融有限公司资产保全部门。主笔本书第六章6.3，第八章8.1、8.2、8.3、8.4、8.6，第九章9.1、9.2、9.4、9.7、9.8部分，并负责本书下篇法务催收全部章节的编撰。

王　孛　经济法硕士，毕业后一直在汽车金融行业从事法律诉讼工作，现为上海某汽车金融有限公司法务，涉足公司常规及特殊诉讼、不良债权处置、资产保全法律项目开拓及制度拟定等相关事宜。主笔本书第六章6.1、6.2，第八章8.1.5、8.5，第九章9.5、9.6及第七章和第十章部分，并协同丁涛完成下篇法务催收所有章节的编撰。

寿文捷　公共关系本科，从事催收工作8年。3年信用卡催收，5年汽车金融催收。现任职于上海某汽车金融有限公司风险管理部。主笔本书第一章1.3，第二章2.2、2.3和第三章。

赵璐怡　风险管理硕士，经济学、法学双学士，从事数据分析工作5年，涉足催收风险计量、零售业务指标分析、人员绩效管理指标制定及分析、风险预估模型建立、风险数据分析（包括信用风险、市场风险、流动性风险）等领域，现任上海某汽车金融有限公司风险数据分析师。独立完成本书第五章的全部编撰工作。

赵志豪　法学学士，毕业后从事银行信用卡催收法务工作3年左右，现为上海某汽车金融有限公司资产保全法务，主笔本书第九章9.3，参与第八章8.2、8.3、8.4的撰写。

序 言

专业&温暖——汽车金融因我们而改变

经常会被人问到汽车金融是什么,如果要一句话解答的话,我一般会说:就是做汽车贷款的。如果对方进一步问到这个行业发展怎样,我就会滔滔不绝地讲述起来,并背出各种数据。我创业前所在公司的领导说我一旦说到汽车金融时,仿佛身上有光。

三年前我无意中弄了一个"汽车金融行业研究"的公众账号,这个账号无形中改变了我,可能还改变了很多人,并催生出我现在的创业公司。2014年10月,我们成立了汽车金融小分队,大家约定了写文章加入小分队的规则,没想到产生了神奇的效果,当天就有很多朋友加入,后来慢慢地沉淀下来,截止到现在有78人了。

静姐也是我们小分队的成员,认识静姐是这样的,2015年6月11日,静姐通过刘存加了我的微信号,我没有因为是存哥推荐的人,就让她直接加入小分队,还是按照小分队的规则——写一篇文章。

6月25日,静姐完成了一篇稿件《205丨原创丨浅谈汽车金融公司不良贷款处置和创新探索》,发出后影响很大。很多人想加入小分队,也应承写一篇文章,但后来往往就放弃了,这种情况估计有30多人。我们用这种方式,一定程度上保证了小分队成员的两个特质:专业 & 温暖,能够写出一篇有关汽车金融的文章,达到能发表的水平,意味着专业度不差;愿意写,说明有分享精神,是个热心的温暖的人。

和静姐见面已是到了2015年9月15日,当时我在太平洋汽车网负责汽车金融平台,我们到上海和很多汽车金融公司谈合作,当时就通过静姐被介绍到华晨东亚汽车金融介绍太平洋汽车网汽车金融平台的模式。虽然是和静姐第一次见面,但丝毫没有陌生感,觉得很亲切,还认识了不少华晨东亚的朋友。也就是在那天,静姐无意中提到想写一本催收方面的书,我大喜过望,这个行业已经有10多年没人写过汽车金融的专业书籍了。我提出给静姐的写作团队在公众账号上开一个专栏,于是有了后来的系列文章《催收心经》,这系列文章也成为公众账号的特色,很多朋友表示学到了很多知识。

静姐写作团队有这么几个常客:王亨、丁涛、陈佳妍、赵志豪、赵璐怡、寿文捷,他们都有很扎实的学术功底,文章数据注明了出处,叙述法案标注了来源,引用网上的文章也标明了网址。这种专业的精神,是我们汽车金融所需要的;这种温暖的态度,是我们人生所需要的。

专业、温暖、靠谱,这是我在静姐写作团队看到的品质,这也是我努力追求的。专业、温暖、靠谱也是我们公司的价值观。

2016年9月,静姐的书稿已落实出版社出版,邀请我写篇序言,我非常荣幸,有幸见证这个写作团队的努力,有幸见到这本书的诞生。汽车金融行业只是金融行业中很细小的一个分支,但如此一个细小的分支,也足够我们安身立命了。汽车金融人,一起来吧,做一个专业、温暖、靠谱的汽车金融人。汽车金融行业的发展要靠我们脚踏实地的工作,若干年后,我们回头一看,当年种下的种子还真长成了参天大树。

匡匡

靠谱金服创始人 & CEO/kk 汽车金融行业研究创始人

前　言

自 2009 年 1 月我从加拿大回到中国，误打误撞进入汽车金融行业以来，已有七个多年头了。从入行时做贷前征信调查管理直至转到贷后做催收管理，这七年多我有幸见证了中国汽车金融行业的繁荣，交到了一群志同道合的朋友。催收这一行，学校里没有这门课，专职的催收培训课程也是凤毛麟角，从业人员大多是自己边做边学，在跌打滚爬中摸索出一套经验，然后师傅带徒弟。基于此，我和几位作者萌生了总结我们几年来的实践心得，写一本书的念头，既是对自己过往工作的一个回顾和交代，倘若恰好对行业内的从业人员有所裨益，那也算没有白费了我们几位作者一年来的写作心血。

本书上篇的写作由寿文捷、赵璐怡和我共同执笔编写完成，还要特别感谢为我们的写作提供素材的三位朋友：葛成斌、周闽和付明明，他们分享了宝贵的现场催收的案例和心得，使得我们的写作有声有色。下篇的写作由丁涛、王亨和赵志豪编写，三位都是法律科班出身，又有催收工作经验，可谓文武双全。此外，也要鸣谢参与我们写作的陈佳妍，她参与了本书第七章及第八章"法务培训"部分的撰写。

最后要感谢为我们本书作序的靠谱金服创始人匡志成先生，他年少有为，勤勉热心，在本书出版之前就在其创立的 kk 汽车金融行业研究微信公众号中连载了本书的一部分章节，本书出版之际邀请他写序，匡匡一口允诺。

荀子说："骐骥一跃，不能十步；驽马十驾，功在不舍；锲而不舍，金石可镂。"感谢阅读这本小书的读者给予我们的支持和信任，对本书的错误与疏漏之处，请不吝指正。

王 静

2016 年 11 月于上海

目 录

上篇　非诉催收

第一章　车贷催收　3

　1.1　车贷催收的原则　3

　1.2　催收各时段要点和策略　6

　1.3　失联账户的查找　8

第二章　催收中的心理学和谈判术　15

　2.1　催收人员的情绪和压力管理　15

　2.2　逾期账户的类型和谈判策略（逾期客户意愿/能力四象限）　18

　2.3　针对不同对象的谈判术（逾期客户本人/共借人/担保人/紧急联系人）　21

第三章　电话催收　23

　3.1　电话催收的指导原则　23

　3.2　电话催收的要诀　24

　3.3　案例分析　26

第四章　现场催收　30

　4.1　现场催收上门前的准备工作　30

　4.2　现场催收上门基本要点　31

  4.3 现场催收上门后的跟进工作 34

  4.4 案例分析 35

第五章 催收业绩统计和风险管理 53

  5.1 主要风险计量指标及应用 53

  5.2 催收人员绩效考核指标 64

  5.3 供应商绩效考核指标 74

下篇 法务催收

第六章 法务催收简介 81

  6.1 法务催收与相关岗位的区别 81

  6.2 法催自身的特点和素质要求 83

  6.3 法催相关法律依据 85

第七章 法催行业现状及职业发展 107

  7.1 法催架构同行业对比 107

  7.2 法催职业发展 109

第八章 法催工作职责的设定 111

  8.1 对内搭建催收体系,健全催收管理制度 111

  8.2 对外法催 116

  8.3 相关外部法律事务处理 120

  8.4 业务纠纷处置 120

  8.5 法务培训 136

  8.6 客户法律服务 143

第九章 资产保全领域相关创新 146

  9.1 贷款抵押合同条款的修改 146

9.2　赔付逾期款项的相关保险产品　152

9.3　呆账核销损失抵税　158

9.4　回收抵押车辆出租　160

9.5　公安部门协助查找失信被执行人和控制查封车辆　164

9.6　直接实现担保物权　167

9.7　外包人员驻场电催　169

9.8　"互联网+"对催收行业的影响　172

第十章　法催数据分析　175

10.1　法催人员基本绩效考核指标　175

10.2　法催常规诉讼回款有效性分析　179

10.3　如何更有效地进行常规诉讼　186

10.4　法催申请法院强制执行的相关分析　192

10.5　提高法催效率,提升回收效果　198

上篇

非诉催收

第一章 车贷催收

1.1 车贷催收的原则

从中国人民银行 1998 年正式批准开展汽车消费信贷业务以来，中国的汽车消费金融业务实现了飞速发展。除了各家银行零星开展的汽车贷款业务外，根据中国银行业协会发布的 2018 年中国汽车金融公司行业发展报告，截止到 2018 年年末，全国已有 25 家专属汽车金融公司，总资产规模已达 8 390 亿元。在汽车金融快速发展的同时，汽车金融公司的信用风险压力也在增大，2018 年年末，汽车金融公司不良贷款率为 0.3%。虽然在整个非银金融领域还是保持着较低水平，但是金融的核心竞争力就是风险控制，包括贷前的风险审核和贷后的风险管理。本书将主要从汽车贷款出现逾期后的催收这一贷后风险管理的角度来讲述汽车金融行业的风险控制。

催收，作为信用风险管理的一个重要环节，是指由专业的催收人员通过合理合法的手段，以回收账款、降低企业坏账、保全资产为最终目的，为此进行的一系列工作。通常说来，车贷催收和普通信用卡催收最大的区别就是有抵押物车辆的存在，所以车贷催收除了"防微杜渐、有礼有节、嘴勤脚快、多管齐下"四大基本原则之外，还有一条"关注车辆"的原则。

1.1.1 防微杜渐原则

借用中医的说法就是"治未病"。要在客户还未开始逾期的时候防范逾期在先,客户出现轻微逾期的时候及时纠正和客户出现反复逾期的时候先下手为强。

具体说来,金融公司往往会在客户每月约定的还款日之前的3~5天给客户发送扣款提醒短信,还款日当天如果扣款失败,金融公司应通过短信告知客户扣款失败的结果。如果在业务开展初期业务量不大或客户贷款金额较大、客户风险等级评分较差的情况下,可以当天就进行电话的跟进询问,了解扣款失败的原因,既能体现良好的客户服务态度,又能引起客户重视,防范在先。如果没有足够的人力和资源当天跟进,至少要留意扣款失败短信发送的成功率,筛选出发送失败的短信手机,明确客户的手机号码是否正确或正常。

当客户出现轻微逾期的时候,例如约定还款日后逾期6天,金融公司应开始电话跟进,除了提醒客户还款外,还要简明扼要地了解逾期的原因,如果是客户本身的原因造成的逾期,例如存款不到位或态度不端正,电话跟进员工应友好、及时地说服和教育客户履行还款义务。如果在电话跟进的时候发现异常情况,例如所有合同相关人电话都无法接通,应引起警惕,予以特别关注。

但是总有客户由于这样或那样的原因会拖欠成问题客户或变成反复逾期客户。通常情况下,如果不是客户还款意愿出现了变化,大多数的逾期客户都是还款能力出现了问题,车贷往往并不是压垮骆驼的最后一根稻草,所以,一旦发现客户反复逾期,并且屡教不改,金融公司在寻找出客户逾期背后的真正原因后,应果断地采取资产保全行动,避免最后人车消失。

1.1.2 有礼有节原则

催收员要调整好心态,不卑不亢,有礼有节,尤其是在客户负面情绪的影响下要保持冷静和克制,引导债务人沿着自己的思路开展工作。和客户沟通时应先了解逾期的原因,和客户尝试建立起相互信任和互相尊重的关系,不要出口伤人,导致客户拒接电话、拒绝沟通。同时,在交流的过程中,不要被债务人抛出的各种想拖延还款的理由或借口牵着鼻子走,保持坚定的收款态度,不要让客户养成拖延和反复逾期的习惯。结合好的情商,加上专业的术语、严密的逻辑思维和适度的法律知识来收回贷款。

1.1.3 嘴勤脚快原则

许多逾期客户都是非要等到提醒才肯还款,如果金融公司没有及时提醒客户,拖的时间越久越难催回。而且,通常情况,债务人都是先把钱还给催收频繁的债权人,尤其是车贷一般金额不大,只要把握住一个合适的度,多打几个电话,上门多跑几次,凭着嘴勤脚快,和一股子钻劲及锲而不舍的精神,催收业绩都不会太差。早期电话催收讲究"短平快",因为以跑量为主,所以每一通电话时间要短,语速平和,速战速决。中期的电话催收讲究保持跟进的密度,多打一次电话就多了一次收回欠款的机会。后期催收讲究挖掘新的有效线索,提高谈判的成功率,嘴勤脚快就可能询问到新的信息,找到新的代偿人或车辆,救活一笔车贷。

1.1.4 多管齐下原则

车贷催收面临的客户也是形形色色,按还款意愿和还款能力可以把客户划分为四个象限,按是否能够联系到可以划分为失联客户和有联客户,按逾期原因又可以划分为经济困难、骗贷、涉案客户、合同纠纷、车辆出险客户等。因而,针对逾期客户的催收工作也要多管齐下。除了微信、短信、电话、信函、上门这5种常规催收方式,法律诉讼,也要因人而异、因事而异、因时而异地搭配使用。催收往往不是一次就有成效的,也不存在最佳的可以放之四海皆准的催收方法,所以催收工作就是一个沟通、尝试、谈判的过程,其间可能需要运用到多种催收方法。

1.1.5 关注车辆原则

汽车金融公司在车贷放款之后,通常还需要在当地车管所办理车辆抵押手续,这也是车贷与信用卡和小额贷款区别的地方之一。催收员在车贷催收过程中要始终关注抵押物车辆的使用情况,在逾期客户还没有演变为严重逾期状态之前(一般是指逾期60天之内),催收员应了解车辆是不是客户在使用,还是已经被债主拖走,或者车贷从一开始就是代购,那么实际使用人的联系方式是什么,现场员工上门催收的时候更要摸清车辆的踪迹,寻找车辆的停放地,为后期资产保全做好准备。如果客户愿意交车,催收员可以协调当地经销店对车辆进行残值评估和二手车收购。

1.2 催收各时段要点和策略

车贷催收按逾期天数划分一般可分为逾期1~5天、逾期6~30天、逾期31~60天、逾期61~120天和逾期120天以上的严重逾期。催收是一个循序渐进的过程,所以这五个时段的催收要点和策略也是各不相同,各有侧重。

1.2.1 逾期1~5天

催收要点:通知还款。

策略:从催收成本和产出角度考虑,金融公司一般都选择通过发送短信的方式通知客户及时还款。这时段的客户逾期的原因大部分是忘记存款或卡片授权问题(针对首期还款客户较多)。短信内容中须包含还款金额和还款账号信息,短信用语要简明礼貌。这时段短信发送的效果还是比较明显的,从统计数据来看,大约有70%的客户会在五天内回归正常客户状态。出现卡片授权问题的情况下,金融公司可以先联系客户确定已经将足够扣款的金额存入银行卡,然后再与银行联系,以最快的速度完成卡片的授权工作,成功扣到车款。如果客户银行卡授权不是两三天内可以解决的,催收员可以建议客户将月供汇入金融公司的对公账号,以免因为卡片授权问题影响到客户的征信记录。

1.2.2 逾期6~30天

催收要点:提醒还款。

策略:以电话提醒为主。简单询问客户逾期的原因,核对客户的信息和车辆使用情况,及时发现风险预警,为后期催收做好铺垫。拨打电话的顺序一般是主借人、共同借款人、担保人(如有)。联系到客户的时候要向客户说明逾期对于客户征信的不利影响,和可能产生的罚息和催收费用。如果发现主借人有失联情况,尝试共借人、担保人或紧急联系人,通过联系人了解客户的近况、工作信息和联系方式。但是在拨打紧急联系人电话的时候要注意说话方式和拨打频率,不应将涉及客户隐私的详细贷款信息,例如贷款金额,泄露给第三方,拨打频率也应区别于主借人。近几年来,随着人工智能技术的发展,一些银行和金融机构已开始尝试智能催收,对于早期催收提醒还款,这是降低成本、提高效率的好方法。

1.2.3 逾期31~60天

催收要点:催收和施压。

策略:电话催收、信函催收和现场催收多种手段交叉进行,对于不接电话的客户,短信也可以作为催收工具。和逾期客户沟通的时候要摸清客户逾期的真正原因,到底是还款意愿问题还是还款能力问题。针对意愿有问题的客户,催收员要在沟通中施压,晓之以理,利用征信、亲戚朋友、法律信函的力量催收;针对能力有问题的,催收员在了解其经济状况后,要关注车辆的动向,动之以情,如果客户车贷月供连续两期都拿不出来或借不到,并且也没有一个后续的还款来源支持的话,催收员要留意客户车辆是否还是本人在使用,是否已被抵债,是否有债务重组的可行性。同时,催收员要做好车辆收回的准备。

1.2.4 逾期61~120天

催收要点:收车和谈判。

策略:电话催收、收车和诉讼手段同时进行。此时段的客户已逾期3个月未缴纳月供,经过两个月的催收仍然没有解决问题,不管是经济困难还是恶意拖欠,成为坏账的可能性都已经很高了。催收员要保持和逾期客户及合同相关人的沟通,不断更新客户的信息,寻找新的突破点。如果是可联状态,保持电话和短信催收的频率,不要施压过度导致客户失联。根据现场催收的情况,金融公司可以同时进行收车谈判或法律诉讼。此外,增加和担保人或紧急联系人的联系,侧面了解客户的经济状况,寻求第三方代偿的可能性。

1.2.5 逾期120天以上

催收要点:诉讼和谈判。

策略:大多数金融公司会选择在逾期天数达到120～180天后进行核销,这些案件虽然从财务角度已经被作为坏账核销掉,但是催收的工作并没有终止。经过前面4个多月的轮番轰炸式的催收,这时段的催收工作反而要把节奏慢下来,核销后的客户按是否能够联系到可分为失联客户和有联客户,这其中失联客户占的比率又远高于有联客户。因此,催收工作要通过新的渠道修复失联客户的信息,把失联客户先变成有联客户,并把重新建立和客户的信任关系作为重点。与此同时,前期的诉讼也差不多有判决了,利用手中的法院判决书再和客户谈判,尽可能多地收回公司的贷款。

1.3 失联账户的查找

在日常的催收工作中,催收员经常会遇见失联账户。该账户下合同相关方的电话号码拨打情况大多为全部失效,或者紧急联系人能接通,但是不愿告知信息,又或者紧急联系人和借款人之间也失去了联系。该账户无法有效地联系到借款人,就无法建立对话关系,那么再有效的策略也难以实施。催收员如果能通过有效的查询技巧找到借款人,就已经初步将借款人暴露在镁光灯之下,通过之后的连续施压,还款就能够水到渠成。在这一阶段查询客户信息的方式并不是很多,但是通过个人的观察,一名优秀的催收员接触到一名失联账户,阅览催收备注并分析借款人信息后,心里会明确一个查询方向,并不是一味地背公式般套用查询技巧。同时,优秀的催收员有丰富的扩展性思维,在掌握有限的信息后进行延展,之后通过某个关键点就能找到借款人或者可代偿的第三方。催收工作是建立在人与人对话基础上的,大量账户存在失联情况,通过信息查找,重新与借款人及其相关联系人建立对话关系,才是催收工作开始的基础。归纳起来,查找失联账户的方式主要有:系统信息查找、电话信息查找、上门外访查找、公共和特殊渠道查找等。

1.3.1 系统信息查找

(1) 通过挖掘本公司系统中的贷款材料进行查找。大多数金融公司有专门存放客户贷款资料的系统,该系统中的资料大多包括借款人申请贷款而填写的个人贷款申请表、信审人员的电话核查记录等。在这些初始贷款材料上有时候能够找到后期催收中缺失的信息,比如另一位紧急联系人的电话、借款人第二部手机号码、单位电话等,有的借款人在贷款时多次填写申请表,不同申请表上的居住地址甚至是不同的,这些信息都可以帮助我们通过电话和外访找到借款人。

(2) 利用系统自带的查询功能查找,如金融公司在开发业务系统的时候预留了模糊查询的功能。最常见的查询客户信息条件为身份证查询、地址查询,以及电话号码查询。例如,催收员可以将借款人的单位电话作为查询条件,通过单位电话可能会显示出与该单位电话相关的多名客户信息,那么很显然除了借款人之外,其他的客户都是他的同事,催收员可以尝试拨打其同事电话转告借款人还款。依此类推,将借款人的手机号码输入在紧急联系人的输入栏上查询,那么查询结果就是某位客户把借款人作为紧急联系人,他们很可能是亲戚、朋友或者同事。有些系统有模糊查询功能,可将借款人的家庭地址截取到门牌号输入,结果出来的客户就是和借款人同一幢楼的邻居。

此外,借款人手机号码需要在三个时间段用不同号码拨打三次以上未能接通才能确定为暂时失联。现在智能手机使用普遍,智能手机安装的软件可以拦截催收号码,并且设置拦截返回音为空号、关机、停机。所以催收员要用多部号码尝试拨打,或者使用手机给借款人发短信,短信内容可以是送快递、提供小额贷款、进行市场调查等,其目的是试探该手机号码是否还在使用以及是否故意屏蔽催收电话。催收员编辑的短信内容需要合规合法,发送短信之前,内容需要由法务部审核通过,避免发送后引起客户的投诉。如果内容过于夸张且不切合实际,催收效果容易适得其反。不允许使用网络短信平台,对客户进行轰炸式短信发送。

1.3.2 电话信息查找

1.3.2.1 查找与客户单位名称相关的电话号码

这类查找需要催收员先了解到客户所在单位名称,然后通过"114""12580"查询公司地址和电话号码。有一些大型公司的电话号码尾号都是连号,改变电话号码最后一个数字,可以拨打到该公司其他办公室,通过其他办公室的同事转告该客户还款。向同事转告还款信息时,不能泄露客户具体欠款金额。借款人由于欠款会失联或者故意不告知自己新的单位信息,这就需要催收员通过其家人、朋友、前同事打听获取。同理,在我们获取借款人单位电话的时候,可以通过"114"反查单位地址信息。

1.3.2.2 根据债务人身份证上的地址,查出该地址居委会或者村委会电话

这类查找方式也是催收中应对失联客户使用得较多的一种查找方法。首先通过借款人贷款时提供的身份证复印件获取户籍地址,然后通过"114"查询该地址的村委会号码,如果"114"查不到

村委会号码,就退而求其次查询镇政府号码,最后通过镇政府号码获取村委书记的电话。如果借款人是城镇户口的话就需要通过网络查询该地址属于什么街道居委会,然后通过"114"查询居委会电话。这种查询失联客户的方式有两个关键点,第一个要点是如何与镇政府沟通更容易获取村委会书记的号码,如果你与镇政府工作人员说是金融催款,那对方很可能不向你提供村书记的手机号码。通过日常工作经验的积累,催收员通常使用的技巧是本公司人事科招收了该地区的员工,现在需要和老家村委会联系,了解一下个人的记录和情况,当然还有其他一些好的话语由催收员自己创新。第二个要点是现在户籍有很多地址是集体户(指暂时不具备单独立户条件或暂时还没办理单独立户手续的居民,其户籍关系挂靠在某一个集体户头上的居民户口)。此类地址通常是人才市场、派出所、村委会。该地址并非借款人的实际居住地址。一个集体户通常有上百个居民信息,故无法通过该地址找到借款人或者其家人,如果遇到集体户的地址就基本可以放弃了,应该将有限的精力和时间放在非集体户的借款人身上。

1.3.3 上门外访查找

上门外访查找失联客户能够最直接地了解到客户的现实状况,外访查找也包括找到借款人后的谈判、施压并回收金额。外访查找主要是通过外访借款人的单位地址、家庭地址、户籍地址以及亲属地址等有可能获取失联借款人信息的地址。外访员在外访过程中需要对与借款人有关的细节进行彻底收集,不放过任何线索,有时候须配合电话查询,比如和借款人有来往的联系人、父母、子女、兄弟姐妹、邻居等。对于之前多次承诺还款违约和故意逃避的借款人,外访员需要安排合理外访时间,确定借款人的居住地址后进行蹲点守候,将失联的客户变成有联客户。外访员的出现也给借款人带来了心理上的压力,通过连续的施压,促使借款人还款。对于还款意愿薄弱的借款人,外访员可以上借款人的家对其家人进行适当的施压,通过第三方促使借款人还款。如果在催收现场发现借款人的车辆,但是无法联系到借款人,可以通过拨打122交通报警电话或114信息服务电话来联系车主。关于上门外访的要点和案例分析,我们将在后面章节专门讲解。

1.3.4 通过公共和特殊渠道查找

通过公共和特殊渠道查找的方式五花八门,每一家公司、每一个催收员的查找渠道也是八仙过海,各显神通。与公司投资的渠道资源有关,越丰富的渠道就越可能获取失联借款人新的联系方式,当然渠道的成本也是和需要催收的金额相挂钩的。公共和特殊的渠道查找主要有以下几种方式:

1.3.4.1 公安网户籍查询

公安网户籍查询分为两种。第一种是银行或者金融公司通过与公安局合作,通过互联网连接到公民安全信息网,在此网站输入借款人准确的身份证和名字,可以查找借款人的户籍地址以及该地址同住人的信息,同住人一般就是客户的父母和兄弟姐妹,在获取户籍地址之后,催收员可以通过"114"电话查询户籍村委会,或者按户籍地址上门查找,将失联客户转化为有联客户。此查找方式对在外地打工的借款人有很好的效果,很多借款人在异地打工,不希望自己的债务情况被老家的亲戚知道,通过联系户籍老家的父母来转告施压还款是催收过程中的一个技巧。第二种是金融机构开介绍信到公安局、派出所查询,通过公安局的公安系统,可以查到借款人的户籍地址、工作单位的地址和电话、租房记录历史。除此之外,还能查到借款人小孩的居住地址、单位地址和电话、学校名称和借款人父母以及亲戚的家庭住址、电话和工作单位地址、电话。当一位催收员能掌握到如此多的借款人以及其周围人的信息时,再通过第三方信息的施压转告,失联的借款人大多会主动现身并承诺还款。2018年起,我国加强个人信息安全保护,通过公安部门获取信息的情况已经越来越少。

1.3.4.2 通过互联网查找

互联网查询是每个催收员必不可少的查询途径,现在主要通过人才网、校友录、百度查找客户的地址电话或微博、QQ空间、微信等。成功加入借款人的微信和QQ号,可以通过借款人留下的日志了解到借款人的最近生活现状,如果能进入QQ空间的话,有时候能够看到借款人的朋友在空间中的留言,如果借款人的日志后面经常有同一个人留言或者点赞,那么这个人和借款人的关系基本就是家人或者是很好的朋友。催收员可以尝试添加借款人朋友的QQ或者微信转告还款。通过客户手机号码添加微信或者支付宝,可以快速从微信名、地区或者头像判断是否为客户本人。现在社交App使用必不可少,非恶意逃避的客户会在通过验证后,由失联客户转变为可联客户。

1.3.4.3 其他各种查找途径

催收员上门外访居委会、街道办事处、物业管理处等时,通常能够获取一些借款人的信息。

社保基金查询。通过当地社保基金渠道查询,可以获取借款人工作单位名称,然后通过"114"或网络反查单位地址、电话,一般有公司为借款人正常缴纳社保基金,就基本可以推断借款人还在职。

个人征信系统查询。人行征信中录入了借款人在办理信用卡、商业贷款、住房贷款等贷款时留下的居住地址和工作单位信息以及一些电话号码,时间较近的地址可以外访上门查找。如果借款人在职的话,人行征信可能会有缴金记录(例如住房公积金),这样就能确定借款人的所在单位地址。此外,通过个人征信可以看到客户近期信贷申请情况,如果近期申请记录频繁,可以判断其经济状况不佳,需要加快催收流程,确定正确地址后尽早申请诉讼。

接下来我们分享一个失联账户查找的案例:借款人张某,年龄

25岁，车贷逾期三期，欠款金额15 000元左右。本人手机可以接通，但是多次承诺还款违约后电话拒接，其他人的联系方式均失效。在多次电话联系无果后，催收员决定上门外访此借款人。在上门外访之前，催收员查询了公民安全信息网、个人征信记录，并调取了申请贷款的材料原件，查询完这些材料后，隐约觉得要成功回收欠款难度很大，因为查询到借款人的有效信息只有单位地址和住宅地址。来到单位地址之后，发现位于一个比较简陋的商务楼内，楼内都是一些私人创业的小公司。找到借款人的单位，发现该单位早已人去楼空，询问了楼下管理处得知该公司已经于半年前搬迁。随后我们来到借款人的住宅地址，发现也是家中无人，从略有积灰的门锁来看已经有段时间没有人居住了，而且借款人住宅的信箱也是堆满信件和报纸，基本可以判断不是借款人的平常居住地址，蹲守成功希望不大。于是开取了介绍信，催收员前往公安局查询有关信息。在公安网系统中我们查询了地址信息，发现借款人登记仍然只有一个住宅地址，无其他任何有效信息。功夫不负有心人，正当失望的时候，催收员发现了借款人有一个频繁出入同一家网吧的记录，出入网吧的时间通常在晚上8点到12点左右，以此判断在这个时间段去网吧很有可能会找到借款人。果然在第二天晚上10点左右，在网吧门口遇见了正好进入网吧的借款人，借款人当时表示很惊讶，询问是怎么知道他在这里的。催收员告知我司已经申请公安协查其欠款行为，如果不能还款，将会走法律流程。经过施压后，借款人同意我们随同到其父母家借钱，最终顺利收回欠款。

第二章
催收中的心理学和谈判术

2.1 催收人员的情绪和压力管理

催收人员的情绪会直接影响到催收的成功率。大多数催收员都碰到过脾气火爆甚至张口就骂人的逾期客户,这类客户往往是把对前催收员的高压催收带来的不满,发泄到后来者身上,所以催收员不要受负面情绪的影响,让客户适度发泄完怒气后,把谈话的主题拉回到还款行动上来。催收员要让客户知道,骂人不能解决还款问题,如果不及时处理逾期,催收行动还将继续和升级。另一方面,当催收员有情绪失控而客户仍保持平静时,催收员便失去了控制这次电话交谈的能力以及收款的效果。有时候,客户可能故意挑起争执,以转移催收员的注意,躲避付款。所以,催收员要永远保持客观和冷静,当感到谈话的气氛相当压迫或碰到僵局时,可以有技巧地结束谈话,过一会再联系或换一个合同相关人继续催收。

要保持一个稳定的情绪来完成催收工作,催收员要学会运用如下五大要诀:① 事前的充分准备;② 有力的开场白;③ 以解决问题为沟通的要旨;④ 以客户的承诺收尾;⑤ 客户爽约时迅速采取行动。

第一要诀:事前的充分准备。

催收员给客户的第一通电话或第一次上门拜访,往往是最重要的,一次理智、恳切、出色的沟通可能会得到客户的合作,而没有准备的、软弱的谈话,往往会失去及时收款的机会。要做好事前的充分准备,尤其是中后段催收,首先需要研究清楚状况,了解逾期客户的背景、基本资料、逾期现状后再开始催收。同时,应分类建立客户档案,例如:由他人代偿,注明负责付款的人名,最适当的联络时间,一般付款的日期,等等。

第二要诀:有力的开场白。

一般而言,措辞要坚定但不可失礼;沟通开门见山,直奔主题。但是,逾期客户的情况又是不一样的,催收员要根据面对的客户特征来调整策略,促使客户付款。一方面,不要抱追求过失的态度,而是以帮助客户解决逾期付款的问题为出发点。另一方面,不要替客户找借口,坚定原则尽快地替公司收回拖欠的账款,不要胆怯。欠债的客户往往会抓住催收员的弱点来拖延还款,逃避主题,催收员不要受此干扰,客户欠款予以催讨是理所应当的。此外,对于反复逾期付款的客户,催收员必须表现得更坚定,以改掉客户从之前过分温和的催收员那里养成的恶习。

第三要诀:以解决问题为沟通的要旨。

催收员和逾期客户的沟通要始终以解决问题为要旨,不要被不相关的话题牵扯住,浪费有限的时间。催收员经过沟通前的充分准备和有力的开场白,如果能迅速确实地回答任何有关欠款的问题,就能提升在债务人心目中的形象,控制住整个对话。具体说来,对于客户陈述的逾期不还的理由,催收员要用理性与专业的立场做出判断;特定问题的解决,要以"分离法"来理清与缴款不相关联的地方,例如,客户以车辆质量问题为借口不还款时,催收员可以用房子有质量问题该找物业而不是找发放贷款的银行为例来开导客户。对于声称没有钱还款的客户,催收员须了解其经济状况,如除了车贷外,是否还有其他欠款。

给予客户正向的信心与同情心。例如,对于出现家庭变故导致还款出现逾期的客户,催收员在沟通时可以表示同情和安慰,以拉近和客户的距离,同时,也要让客户明白催收工作的职责,争取客户理解和支持我们的收款工作。

在催收员能力范围内协助客户解决问题。例如催收员上门时,客户希望减免部分上门催收费用后把逾期的款项还上,催收员基于对客户的判断和作为一个谈判的筹码,可以向上级领导申请减免这部分费用,但是需要向客户说明,如果下次再出现逾期,减免的费用还会再向客户收取。

协议解决还款方式。例如客户表示短时间内没有能力还款,想把车辆卖掉后还款,催收员可以通过公司的销售渠道联系当地的经销店或二手车商,对车辆做一个评估,协助客户提前结清贷款。

第四要诀:以客户的承诺收尾。

评判催收员的一次沟通是否完整的一个标准就是看催收员是否拿到客户的承诺。不管客户是什么原因逾期,如果在沟通的结尾没有给出一个明确的可以接受的承诺还款的日期和金额,那么催收员的这次谈判就不能说是有效和完整的。当然,客户的承诺是否在合理的可以接受的范围内,取决于金融公司的政策和客户逾期的状况,一般说来,给予客户的承诺还款的日期不会超过三天。

第五要诀:客户爽约时迅速采取行动。

催收员在取得客户的承诺还款日期和金额后,一旦客户爽约,催收员一定要迅速跟进。当日跳票的客户如果有条件当日就跟进。如果电话跟进失败,催收员即可申请派出上门催收的任务,如果该客户已被上过门,催收员可以发出诉讼的申请,总之,跟进的行动要迅速,给客户时间和情绪上的压力,以免客户养成反复逾期的坏习惯。

催收工作本身就是一个压力很大的工作,许多欠款不是一通电话、一次上门就可以收回的,所以催收员除了管理好自己的情绪,不被客户牵着鼻子走外,还要学会释放自己的压力。要做到这点,催收员要对催收工作有一个正确的认识。一些催收员把催收看作是一份乞讨的工作,这样的心态,压力不大才怪。试想一位对自己的工作没有骄傲感、没有使命感的员工,碰到一个四处负债、焦头烂额的脾气暴躁的客户,一言不合,就可能上升为吵架,甚至人身攻击,这样的工作氛围当然压力大了。催收员在平时也要加强对心理学、谈判术、法律知识的学习,学会对情绪与压力的自控与他控。第一步要同理共情,找出客户负面情绪后的积极因素,识别对方的情绪,试着理解和体会;第二步要情绪同步,言语上可以说类似"我非常理解你的感受"作为开场,如果是在催收现场,可以尝试语言描述和肢体语言的同步,通过一定程度的交叉模仿让客户放下防御心和非理智的情绪;第三步,也就是在建立了一定的亲和力后,先跟后带,尝试催眠式的说服策略,让客户以回答"是"开始,用完整的选择题提问,指向最后有利于催收员的答案,让对方大脑形成新的连接,接受催收员提出的建议和方案。

催收工作在很大程度上就是一个攻心和谈判的博弈过程,如果再懂一些法律知识,加之反复操练,那么沟通起来就更有理有据,催收员的压力也就缓解许多了。

2.2 逾期账户的类型和谈判策略
（逾期客户意愿/能力四象限）

有经验的催收员在催收之前会将借款人的资料做一个简单的浏览,从而判断借款人的逾期账户类型。逾期账户的类型可以分为以下几种。

2.2.1 按照借款人的年龄特点来划分(表2-1)

表2-1 按照借款人的年龄特点

借款人	借款人特点	催收技巧
80、90后	此类借款人经济基础薄弱,社会经验较不丰富,对家人依赖较大。90后很难控制自己的消费欲望,过度消费导致欠款。80后有很多人乐于自己创业,创业失败导致债务难以偿还。	80、90后对家人依赖较大,以家人施压借款人或者直接联系借款人的家人代偿比较有效。随着社会上越来越看重个人信用记录,80、90后对个人信用记录比较重视,可以通过个人征信来进行施压。
70后	社会经历丰富,家庭结构比较稳定,导致欠款的原因可能是婚姻变故、重病、失业、生意失败、赌博不良嗜好等。	70后上有老、下有小,着重通过家庭对客户进行施压规劝,同时挖掘客户家庭信息,通常可以发现有兄弟姐妹愿意帮其进行代偿。
60后	这个年龄的人社会经验极其丰富,一般没有贷款消费的习惯,一旦逾期催收难度很大。	催收此类客户要有耐心,了解客户的真实情况,与客户沟通中尽量套出有用信息,找到施压点,电话催收不可操之过急。

2.2.2 按照借款人的工作性质来划分(表2-2)

表2-2 按借款人的工作性质

工作性质	借款人特点	催收技巧
公务员	公务员工作比较稳定,一般情况下很少会欠款。	从工作单位上手,强调征信记录,公务员单位一般有纪检委,以此来施压客户。
普通在职人员	公司员工流动性较大,可能会出现已经离开了登记时的单位的情况。	催收之前做一些查找工作,最好能确定最新工作单位地址、名称、电话。
经商者	做生意的借款人资金流动比较不稳定,无固定收入。	经商者一般比较重视自己的面子,因此可规劝借款人筹款以免车辆被收回或征信记录有污点后和金融机构打交道将增加困难,或者找到代偿人。

2.2.3 按照客户的还款意愿来划分

第一种是有钱有诚意的借款人。这类借款人大多因长期在外地外国出差、地址搬迁没有收到每月账单,更改了手机号码没有去客服登记新号码,客户本身不重视还款等原因造成逾期欠款。这类客户相对容易解决,通过查找到借款人新的联系方式,及时沟通,要求客户在3天内将欠款还清。

第二种是有诚意没有钱的借款人。有诚意还款的借款人通常贷款时提供的客户信息是真实准确的,借款人不会因为欠款躲避催收人员,同时在沟通过程中借款人会注重一些费用上的细节,希望金融公司能够减免费用。面对这类借款人,催收员应该与其耐心沟通,在沟通过程中了解借款人的家庭情况,设法引导借款人借钱还款。如果客户已无渠道可以借到钱,并且车辆还在其手上,残值较高,可以尝试劝告客户将车辆做二手车处理后结清贷款。

第三种是有钱没有诚意的借款人。这类借款人的特点是把自己的姿态放得很高,对于催收员的各类施压都无所顾忌,在与催收员的谈判中希望能够减免所有的费用和利息,同时抱着侥幸心理觉得自己不会受到法律的制裁。对付这类欠款人的方式要抓住三点:① 通过侧面施压的方法,与借款人的父母家人朋友多沟通,通过第三方给借款人施压。让借款人感觉到如果自己坚持拖欠还会影响到自己家里人的正常生活。② 通过法律途径施压,借款人的主要想法是如果没有法律上的不良后果,这笔债务就不打算偿还了。催收人员可以通过寄送律师函或者上门当面出示律师函让借款人知道贷款单位已经通过司法途径追讨债务,等法院判决之后可以清查冻结个人债务,即使转移个人财产也会被加入黑名单限制高消费,施压到位后这类客户最后的心理防线产生动摇可收回欠款。③ 如果客户反复逾期,电话和上门催讨效果不佳,并且车辆下落清楚,可采取强制回收车辆措施,这类客户一旦车辆被金融公司控制了,就会很快赎车,提前结清。

第四种是没有诚意也没有钱的借款人。这类借款人表现出来的还款态度通常是相当敷衍的,对于催收员的电话爱接不接,给予的还款承诺也是多次跳票,或者是不做还款承诺,并找很多不还款的理由。借款人可能在外有多处欠款,抱着债多不愁、死猪不怕开水烫的心态应对债务。这类债务人一般电话沟通效果已经很差,建议多安排工作人员上门催收,寻找其家人代为偿还,同时配合车辆强制收回,通过拍卖车辆或债权转让收回客户欠款。

2.3 针对不同对象的谈判术
(逾期客户本人/共借人/担保人/紧急联系人)

2.3.1 针对逾期客户本人的谈判术

能够联系上借款人的,有经验的催收员在谈判之前会先了解清楚借款人的个人情况,而不是直接拨通电话就问"什么时候还钱啊""你为什么不自己想办法去借钱来还"之类的话。要摸清借款人的情况,可以先联系其家人、同事、亲戚等了解借款人的工作单位、收入情况、家庭成员是否有代偿能力、借款人的居住地址等。所有了解到的信息都可以帮助催收员揭穿借款人在谈判过程中的谎言和借口。在谈判过程中,催收员语气平稳低沉,遇到还款态度不端正的客户,应严肃地告知借款人正确的还款观念,避免与借款人辱骂争吵。如果遇到性格比较软弱的借款人,则可以略微抬高声音,以严厉的话术进行施压。对于客户要求给予更多还款时间的应尽量压缩时间,让借款人感觉到事情的紧迫感。

2.3.2 针对逾期共借人/担保人/紧急联系人的谈判术

在汽车金融贷款催收过程中,共借人和借款人具有相同的还款义务,联系共借人的主要目的是要求共借人代偿和获取借款人的线索,对于代偿意愿薄弱的共借人,应严厉告知其法律上的连带责任,以及金融公司走外包和司法流程后对于家庭的影响(一般共借人是家人)。从而利用共借人向借款人施压还款。在与担保人谈判的过程中,催收员的目的是尝试规劝担保人代偿同时获取借款人的线索。告知担保人《合同法》对于担保人的要求和法律责任,借款人如果不还款将会给担保人带来严重的后果。甚至可以通过上门催收担保人,施压担保人家人,扩大事态的严重性,促使担保人代偿或者主动去找借款人催缴欠款。对于紧急联系人的谈判则应该以获取借款人信息为主,催收员的态度应该礼貌柔和,避免紧急联系人产生不耐烦的心理。当紧急联系人表示工作忙或者有事不方便的时候,催收员可以尝试换个时间再次电话联系,在沟通过程中尽可能获取借款人的近况,以及借款人的其他朋友和家人的信息。如果紧急联系人与借款人的关系很近,那么可以尝试通过紧急联系人转告借款人还款。

第三章

电话催收

3.1 电话催收的指导原则

电话催收就是以电话、短信作为与客户的沟通工具,向债务人传达还款金额和还款时间,通过向债务人施压后还款,回收资产金额。电话催收是一种最常应用的债权催收方法。与其他催收方法相比,优点是简便易行、成本较低;缺点是成效较低、缺乏法律效力。它往往对那些因偶发原因而短时间欠款的债务人能起到很大作用,而对那些资金周转不灵或故意拖欠的债务人来说电话施压无法达到预期效果。但无论如何,电话催收都是债权催收方法中不可或缺的方法。

现在一些金融公司采用了"机器人"语音催收系统,与人工催收相比,机器人的工作勤奋而高效,一般效率较高的催收员每小时也只能拨出15个左右的电话,"机器人"催收员每小时能拨打1万个,但是催收工作情况复杂,特别是对于中期或者后期逾期的客户,"机器人"催收员无法与客户有互动交流,因此电话催收还是需要由催收经验丰富的催收员来解决一些"老赖"客户。作为一名电话催收员要有娴熟的沟通技巧,善于聆听,在仔细聆听借款人说话的过程中催收员可以获取以下几点判断:

(1)出现逾期的原因。获知借款人逾期的原因可以帮助催收员对其还款能力和还款诚意做出判断,并且可以根据不同的逾期原因做下一步催收的策略。

（2）摸清对方的意图。在与客户的沟通交流中要通过一些盘问以及从客户的回答中了解到对方是否存在拖赖思想。

（3）了解对方的经济实力。催收员在与客户的沟通交流中要通过各种判断来了解客户的经济实力，根据对客户还款意愿和能力的分析采取不同的催收方法。

（4）找到对方的弱点。在催收前我们要查看客户的档案资料，通过与客户的接触，找出客户的弱点进行施压，进而促使客户按时还款。

（5）消除对方的幻想。部分客户对所借贷款抱有侥幸、逃逸、不还等幻想，我们要以贷款合同为依据，以法律手段为武器对其施加压力，消除对方的幻想。

3.2 电话催收的要诀

3.2.1 制定完善的个人台账

作为一个合格的电话催收员，对于自己队列内的账户管理是非常清晰有序的，如果没有一个强大的催收系统，建议催收员用 excel 软件制造一张属于自己的台账，基本格式见表 3-1。

表 3-1 台账

客户姓名	身份证	催收号码	逾期金额	催收时间	催收结果	备注

催收员将客户信息输入台账中，并记录下每一个电话催收后的结果和备注，催收员可以通过不同颜色标识来对借款人做有诚意还款、敷衍还款、失联等分类。在日常催收中，应该首先将精力

放在能联系上且有还款诚意的借款人上,对这些案件跟进后,余下的时间联系态度敷衍的客户以及查找失联客户。

3.2.2 合理的电话拨打规则

电话催收员拿到新案件后应该分时间段拨打借款人信息中的所有电话,经过确认为无效的电话必须备注清楚(各公司对判断电话无效可能有不同的标准,例如有的公司会规定三个不同日期,每个日期三个不同时段联系不上的才能标注电话失联)。M1、M2 短账龄的个案可以优先跟进债务人的相关电话。如果该电话无法联系到债务人,则必须跟进所有的电话。M3、M4 一手以上个案电话的跟进必须从债务人的相关联系人的电话打起,了解债务人的基本信息。债务人最易联系的电话为最后跟进。

3.2.3 电话跟进方式

电话催收员需要对当日进入队列的新增账户进行开案,电话拨打次序为借款人、共借人、担保人和紧急联系人。如果借款人或者共借人承诺还款,可以暂时先不联系担保人。承诺还款的时间不能够超过 3 天。如果在开案当天催收员没有能够联系上借款人、共借人和担保人,那么第二天必须要再次电话跟进。如果催收员联系上共借人和紧急联系人转告还款,但是当天扣款显示失败,那么第二天需要再次电话联系借款人。如果第二天仍然无法联系上借款人,则需要再次电话联系共借人和紧急联系人了解转告情况。逾期的账户在电话失联或者承诺还款跳票不接电话的情况下可以通过手机短信催收,但是短信内容不能有错误的客户信息,以及挑衅辱骂客户等容易引起投诉的内容。对于承诺还款的客户,催收员需要记录客户的身份和地址、还款时间和金额。如果客户没有兑现还款承诺,催收员需要在当天扣款失败后再次电话跟进。

3.2.4 与现场催收员的联系

电话催收员在日常工作中除了与借款人谈判还款之外,还需要与公司的现场催收员保持联系。目前,有些借款人的还款意识比较薄弱,借款人的失联率也有上升趋势,有一部分借款人是无法通过电话催收还款的。这个时候电话催收员在与借款人或者紧急联系人沟通中可获取有效的地址信息,现场催收员需要第一时间配合电话催收员上门找到借款人或者家人,双管齐下,成功讨还欠款。

3.2.5 监管机构对于暴力催收的定义

以下情形涉嫌暴力催收:

· 未经借款人本人允许,拨打通讯录内亲人或好友电话,并多次进行骚扰。

· 通过口头或书面等各种方式恐吓、威胁借款人及亲友家人。

· 借款人逾期后每日催收电话超过3个以上。

· 催收来电不在上午8点到下午9点时间段内。

· 曝光借款人个人信息。

· 上门催收导致借款人个人声誉严重受损。

· 逾期费率高于人行规定逾期费率。

· 诱导借款人借其他平台款项归还本平台款项。

· 采用非法软件短信电话轰炸借款人手机号码。

· 冒充国家执法机关对借款人恐吓、暴力催收。

3.3 案例分析

[案例一]

客户孙某,欠款金额7 424元,逾期天数50天

借款人手机、单位电话通过多轮不同时间段拨打后确认失联,电话催收员拨打紧急联系人电话找到借款人父亲,耐心给其父亲做思想工作,让其督促儿子立即还款。起先,借款人父亲称自己不管儿子了,已脱离父子关系,儿子整年都不回家,随便公司怎么处

置。但电话催收员没有放弃唯一的线索,每天仍打电话给借款人父亲,告知逾期严重性和法律后果,借款人父亲慢慢转变态度,答应尝试联系儿子,劝儿子尽快还款。三天后,客户主动来电称已还清欠款。

分析:

借款人父亲虽然强调自己与儿子脱离父子关系,车贷事情不要找他,但是电话催收员还是坚持不懈,亲情攻势,道德劝说,有效抓住客户父亲这个施压点,成功催回欠款。很多案件施压的着重点不一定是对着借款人,电话催收员对于借款人说的十句话还不如借款人家人的一句话,在借款人失联或者还款态度敷衍的情况下,可以把重点放在其家人身上。

[案例二]

客户孟某,欠款金额5 749元,逾期天数42天

电话催收员拨打借款人手机停机,联系担保人的电话,其声称借款人犯鼻咽癌已去世,车子是其配偶的弟弟在用。电话催收员判断联系上借款人配偶,才是回收欠款的突破点。担保人起先不愿意配合,多次向其索要借款人配偶电话,其都敷衍称会转告。电话催收员只有担保人一条线索,为了获取资料,电话催收员多个时间段分别对担保人施压,耐心告知担保人的法律责任,请其配合我司做借款人配偶的思想工作,并对其增加施压力度。最终担保人愿意配合,主动提供借款人配偶电话,并且催促其还清欠款。

分析:

该案例由于借款人死亡,属于高风险客户,回收欠款的难度是相当高的,所幸电话催收员在耐心沟通后确定了催收方向,同时对于第三方也就是担保人的施压非常到位,抓住担保人这唯一的线索,终于得到借款人配偶的电话,这是成功的关键。我们从此案例

可以得到启示,很多欠款并不一定是借款人本人偿还,确定有能力的代偿人也是回收欠款的另一条道路。

[案例三]

客户徐某,欠款金额 7 470 元,逾期天数 50 天

电话催收员收到案件的当日拨打系统中借款人的手机、家庭电话、担保人手机,均失联。通过多次不同时间段发短信以及电话拨打后我们确定借款人的所有联系方式都是失效的。致电 4S 店查询借款人车辆的保养维修记录,4S 店回复车辆保养时送车人的姓名为刘某,并留有一个手机号码。电话催收员拨打电话接通后,得知刘某为借款人的亲戚,由于借款人的生意失败向其借钱周转,故同时将车辆给刘某使用。告知逾期情况和法律后果后,刘某表示会立即联系借款人协商欠款的处理,当天查到了还款。

分析:

汽车金融催收过程中,4S 店是一个查找客户资料的渠道,电话催收员能多拨打一通电话,勤于查找线索,是本案成功的关键。

[案例四]

客户朱某,欠款金额 12 700 元,逾期天数 62 天

借款人手机能够接通,多次承诺还款跳票,还款态度敷衍,无还款诚意,其他电话失联。电话催收员认为此案件除非能通过第三方施压,否则仅仅联系借款人是无法收回欠款的。第二天,催收员开始通过系统调取借款人的贷前材料,在贷前材料中找寻到客户家的《拆迁协议》上有客户父亲的联系方式,通过百度搜索手机号码,查到了借款人父亲所经营的公司地址和信息。在父亲和电话催收员双重压力下,借款人承诺还款,当晚就存入车款。

分析：

优秀的催收员不仅要会和借款人沟通，还要有查找发掘线索的思维，不放过任何一个细节，甚至是合同中的一个签字和联系方式，做好一切工作，还款自然拨开云雾见青天。

第四章

现场催收

4.1 现场催收上门前的准备工作

现场催收和电话催收相比较而言,给客户的压力更直接,获悉的情报更全面详细,但是催收难度更大,成本也更高。所以,在开始现场催收之前,我们先要明确现场催收的目的是什么。通常说来,无外乎三个目的:(1)通过合法的手段教育警示客户履行债务,承诺还款,还清旧账,不再新欠;(2)现场调查分析欠款人的个人情况、家庭情况、经济情况和持续的还款能力;(3)现场调查分析车辆的情况、实际用车人、车辆运行和停放位置,在条件允许的情况下与客户谈判车辆的处置方法。考虑到现场催收的成本较高(催收员的交通、住宿、差旅成本等),金融公司一般都是在车贷逾期30天之后或发现早期高风险客户预警的时候才会动用现场催收这个手段。要保证每次现场催收的高产出、高效益,上门前的准备工作至关重要。具体说来,每位现场催收员都要问自己三个问题。

第一个问题:贷款人是谁(姓名、年龄、性别、身份证照片、工作单位、联系电话、公司和家庭地址、有无共借人和担保人,如有,共借人和担保人的职业、联系方式和地址)?

第二个问题:车贷逾期情况(贷款的车型、贷款期数和金额、已还期数、欠款期数、欠款本金和利息、罚息、第几次现场催收)?

第三个问题:贷款人逾期原因(电话催收记录下的客户逾期原因、逾期状态、是否失联、有无电催线索和冲突)?

对于大多数车贷而言,现场催收员和电话催收员并不是同一个员工,所以对这三个问题的回答如果能结合电话催收员提供的额外信息,可以让现场催收事半功倍。催收员上门的装备中除了常规的录音笔外,为了安全和便利起见,一般还需要携带工作证或名片、公司的介绍信、一套催收文件,例如贷款合同样本、承诺还款保证及车辆处理授权书,最后,还有逾期客户和合同相关人的照片,以方便寻找和辨认逾期客户。

4.2 现场催收上门基本要点

通常而言,要完成一次比较完整的现场催收,催收员上门要注意如下五个要点。

4.2.1 寻找车辆和贷款人地址

根据电话催收员的派单地址或现场催收任务包中的地址,催收员要逐一上门直到找到欠款人或关系人。白天寻人优先选择工作地点,晚上寻人优先选择居住地点。在欠款人居住地找寻无果后,应该前往当地的小区物业、居委会或村委会、派出所问询(公司的介绍信在这个时候就起作用了)。找人的同时,也要进行车辆踪迹的寻找。催收员可以在先不惊动欠款人的前提下,试着在欠款人的活动地址附近寻找贷款车辆。一般说来,找到车,逾期客户就在附近了。而找不到车,催收员就要提高警惕了,在接下来和欠款人的接触中应试探获得车辆的使用信息,并要求欠款人带催收员现场验车,查明车辆使用情况和停放位置。上门时须拍照片(照片需要有时间),照片需有具体的门牌号码,包括去居委会等相关地方了解情况时也必须拍照。

4.2.2 识别贷款合同相关方

有时候，催收员找到欠款人贷款申请时留下的地址也不一定找得到欠款人，这时候，客户的身份证照片就能派上用处了，尤其是在农村地区。如果客户申请贷款的时候留的是户籍地址，等催收员上门寻找的时候，客户往往并不在那个地址居住，单凭客户的名字打听可能找不到线索，但是有客户的身份证照片就好得多，就算找不到客户本人，有时也能找到客户留在老家的亲戚。另外，带好欠款人的身份证照片也能避免一些狡猾的欠款人当面拒不承认自己就是欠款人的骗局。如果催收员在现场无法识别贷款合同相关方，例如只碰到了第三方，催收员可以试着侧面打听了解欠款人或合同相关方的个人情况、家庭情况、经济情况等，打听是否看到过车辆的行踪和停放位置，是否客户在使用，等等。上门时如果没有碰到客户或者无人应门，首先需要检查客户信箱，询问邻居是否有此客户，确认有后再将公司车款逾期通知书放入客户信箱或通过邻居转交（将资料装入封口的信封内）。

如果催收员在现场核实到车辆是代购，那么催收员需要进一步了解车辆实际使用人是否有代偿意愿和能力，并劝说其一次性提前结清。同时，催收员应警示并教育贷款人逾期的严重后果：个人信用受损、家庭信用受连累、司法诉讼、财产被冻结执行等。

如催收员在现场找到担保人，催收员也要对担保人进行施压，告知其应履行的担保义务。施压力度等同于对欠款人。同时保持对欠款人的催收压力。

现场催收要求全程录音。录音要规范，有催收员姓名、客户名字、上门地址、上门时间，上门结束后要有总结语，包括去居委会等相关地方了解情况时也必须开启录音系统。

4.2.3 控制谈判

催收员如果在现场见到了欠款人，那么控制好整个谈判的过程就掌握了催收的主动权。

具体说来，对于欠款人逾期的解释，催收员要有分辨和快速判断的能力，并给予合理的回应，这就要求催收员熟悉公司的贷款合同条款和客户的贷款产品，不被逾期客户牵着鼻子走。同时，催收员要控制好谈判的节奏和双方的情绪，使谈判双方都处在一个理智的范围内对话。下面七条技巧是经验丰富的催收员多年工作的心得体会。

- 了解并配合客户的脾气、风格，使谈判有效进行，避免见面一开始就造成对立情绪；
- 主导对话，忽视客户一些无理的言语，要将对话重点放在如何和何时还清逾期的话题上；
- 面对情绪激动的客户，自我克制，保持冷静；
- 倾听逾期客户对催收员提出问题的回答，分析欠款人提出解释的合理性；
- 了解客户真实的逾期原因，判断其后续还款意愿和能力，同时在谈判过程中不断地暗示和提示欠款人的还款意愿，让客户产生想付款的行动；
- 告知欠款人事情的紧迫性和还款要求，表明现场催收员上门协助客户解决问题的态度；
- 对逾期较长和反复逾期的客户施加压力，阐明继续逾期的后果。

如车辆已转让，催收员应要求欠款人提供受让人和车辆的信息，同时保持对欠款人的催收压力。找到受让人后对其施压力度等同于对欠款人。

4.2.4 获取承诺还款

现场催收时如果经过谈判，欠款客户还是不能现场还清逾期欠款，催收员必须获得欠款人的承诺还款保证，包括明确的还款日期、还款来源和金额。建议催收员准备好承诺还款保证书及车辆处理授权书等法律文件让欠款人签署，作为书面施压。无论客户最后是否签署还款保证书，催收员都必须告知欠款客户，公司对欠款人承诺还款的态度是很严肃的,希望客户本人也同样认真对待,如果客户违背承诺会对其造成很不利的影响。

4.2.5 更新车贷信息

现场催收优于电话催收的一个重要之处在于催收员可以在现场核实客户和车辆的信息,而不像在电话里那样眼不见不知是否为实。催收员必须要有危机意识,这次上门催收见到了欠款人和贷款车辆,下次就不一定这么幸运了,因为对于大多数欠款人来说,如果连几千元的车贷款都要拖欠,其在外面的欠款不在少数,难保欠款人不会因为追债的人太多,而玩失联、玩失踪。所以每次上门催收都要当作是最后一次见到欠款人那样,更新客户和所有联系人的最新资料:联系方式,工作情况,家庭收入,快递地址,包括车辆的现场验车。如果现场催收没有见到欠款人和合同相关人,催收员更不能轻易放弃,要去客户资料包中登记的每一个地址查访,判断地址的有效性,寻找线索和知情人。

4.3 现场催收上门后的跟进工作

催收员在离开现场后,要跟踪上门催收客户的还款情况,只要逾期客户没有还款,现场催收的工作就没有结束,就必须继续跟进。如果客户承诺还款日跳票,催收员更应当天及时联系逾期客户,追问跳票的原因,要求其马上兑现承诺,利用之前上门时更新的资料,找到客户的施压点,告知继续逾期的后果。如果客户故意不接电话,催收员可通过发短信和联系其家人的方式施压。如果发短信和打电话都无法联系到客户和合同相关人,金融公司就可以考虑启动诉讼催收的流程了。

本次催收客户还款后,催收员在客户的下一期还款日临近时可以再次电话提醒客户要按时还款,防止客户再次逾期。

4.4 案例分析

[案例一]

车辆代购电催无计可施,现场上门用车人心悦诚服

客户情况简述:叶某,男,34岁,安徽淮南人。购NISSAN逍客,贷款11.8万元,36期,目前仅还7期,且前7期也出现过多次逾期。现场上门前逾期2期,41天,逾期金额8 700元,之前仅由办公室电催,并无派发现场任务。

现场催收员:葛××。

2014年3月25日,FV(家访员)葛××收到对该客户的催收任务后立即拨打了催收系统中登记的客户电话。一小孩接,FV问其是不是叶某和靳某某家,对方答是,并称自己是他们的小孩。FV问其父母亲现在何处,小孩称人在外地打工。FV再问其是否有父母的电话号码时,对方支吾着回答不出来。随后一大人接听电话,告知FV拨打错了电话。但是,FV次日就接到共借人靳某某用新手机号150×××××××回电,咨询还款事宜。3月27日,公司扣到了一期款项,还剩一期逾期,但是共借人和客户电话再次无人接听。FV决定上门看看到底是怎么一个情况。

FV来到安徽省淮南市,并且根据登记的客户家的地址找到了淮南市凤台县新集镇××村,但是在村内找了很久,都没有人知道谁是叶某,特别是还拥有一辆汽车的叶某。FV在村内找了大半天没有进展,于是给村委会主任杨某打了个电话,村主任表示,叶某家只有两间瓦房,叶某的父亲叫作叶某某。FV根据该线索终于找到了客户家,就在××小学对面的商店东侧,确实是两间瓦房。客户母亲怎么也不相信自己的小孩买了汽车,并表示自己家里的情况比较糟糕,也不可能买得了汽车。随后FV从客户姐姐处找到

了客户新的联系方式,并且给客户打了个电话。客户表示,这个车子是自己帮表兄弟陈某(138××××××××)代购的,并表示自己立马会给陈某打电话。

20分钟后实际用车人陈某打来电话,表示自己的钱已经全部都存上了,不可能会有逾期。FV告知对方,因为其贷款逾期,按合同约定客户要承担逾期罚息和催收费用,陈某要求申请减免,FV抓住机会和对方约定在客户家周边的马路上见面。半小时后,陈某及其配偶赶到现场,FV更新了对方夫妻双方的手机号码,并且拿到了对方家的准确地址。FV对其进行了风险警告,并告知对方如果还款不及时,由于车辆不是登记在陈某名下,车辆处置后陈某之前的首付和月供都会付之东流。对方表示接受劝告并承诺以后按时还款,半年后,实际用车人提前结清,并把汽车过户到了自己名下。

分析:

催收策略通常都是由简到繁,施压力度也是从低到高。施压力度太小客户不当一回事,但又不能施加压力过大,否则客户被压崩溃后就破罐子破摔或玩失联。对这个客户一开始催讨的时候采取的是电催,并且也取得过成功。但是之后客户又出现了逾期,等催收员上门后发现这其实是一个代购客户,催收员抓住实际用车人这个关键的人物,晓之以理、动之以情地说服了对方,施压成功,获得了用车人联系方式和住址的线索。事实也证明,从该次上门后,该贷款就再也没有出现过逾期。

启示:

代购客户"抓住"用车人是关键,如果当事人能够听得进催收员意见,就可以继续该笔贷款(保险起见,建议把用车人拉入贷款合同中作为担保人或共借人),否则就趁早劝对方结清,或者要求强制性结清。

[案例二]

辞工作卖房子企图逃避贷款,查线索扣车辆欠款终究归还

客户情况简述:余某某,40岁,安徽安庆人,在巢湖做建筑材料生意。贷款金额12.3万元,36期,目前已还18期,逾期天数36天,逾期金额8 200元。因客户失联,办公室无法施压,所以派发现场任务。

现场催收员:葛××。

一次催收:2012年12月6日。

2012年12月5日,FV接到对该客户的催收任务,分析了相关材料后尝试拨打客户的电话,果然发现所有的号码都无法接通。于是FV决定尽快上门查看情况。

12月6日,FV来到安徽省巢湖市××花园×号楼,确定了×单元×××的位置后,FV在周边找寻车辆,但是并没有发现皖Q××××的逍客车,FV注意到客户家里的窗户外还有晾晒的衣服和香肠,于是判断客户家应该有人居住。FV按了客户家的门铃,但长时间都无人应答。后来问隔壁邻居,邻居表示×××室是有人居住的,但现在可能不在家里。FV问对方在何处工作,邻居表示自己也不太清楚。于是FV在客户家的门上留了份催收信。

FV又立马去找客户的公司所在地巢湖市××新都D区商业楼S×幢×××号,但是到达该地后发现这里已经不是××新型材料有限公司了,而是一个贷款公司。而且该贷款公司的大门还是关着的,FV通过门头上的号码打过去问该老板,老板表示自己不认识余某某,这个门面租过来已经有近一年了。

二次上门:2012年12月8日。

催收员12月6日上门后,虽然在客户家门口留了催收信,但对方置若罔闻,扣款没有成功,催收员又没办法通过有效方式联系到对方,加之隔壁邻居称客户家晚上有人居住,于是FV决定再去

一次客户家中,看能否找到,如果找不到,就晚上守在客户家门口,看能否碰到。

12月8日晚上7点多,FV再次来到安徽省巢湖市客户登记的家庭住址×××花园×幢×单元×××室,FV看见客户家里有灯亮着。但FV没有立即去找客户,而是先在边上搜寻了一遍,依然没有看到那辆皖Q×××××的逍客车。于是FV按了客户家的门铃,户主问找谁,FV称找余某某,户主表示找错了,FV称不可能找错,客户的房产证登记的地址就是这里,怎么可能错。该户主表示,自己的这个房子是今年6月1日刚买的,8月1日才办好手续,就是在余某某手上买的。

FV问对方是否有余某某的联系方式,对方表示没有,自己也不认识对方,这个房子是通过第三方中介买的,当FV索要第三方联系方式时,户主表示自己已经没有了号码。FV告知对方:我们现在就想联系上客户,跟客户说一声把钱还了就行了,否则公司要起诉他,还是余某某自己倒霉。该户主觉得也有道理,之后又透露了一个信息,自从自己住进这个房子之后,最少有5个人来找过余某某要钱,估计欠了不少的钱。

FV回到驻地立马让总部查询了客户最新的征信报告,但令人失望的是征信报告上并没有显示客户最新的房产地址,但从客户配偶田某某的征信报告上,FV看到了田某某的一笔17万元房贷在今年6月的时候提前还清了。这也佐证了前面屋主所说的正确性。

至此,所有线索中断,催收工作陷入死局。

三次催收:2014年6月。

事隔一年半,该合同已核销,但是催收员并没有放弃对这辆车的查访。2014年6月,催收员在查询手上巢湖车辆违章时发现,该车5月份出现了一起在巢湖的违章,由此FV判断该车可能还在巢湖使用,于是决定再去巢湖转转,看能否找到客户或者车辆的相关线索。

6月10日,FV来到了安徽省巢湖市,因为客户家的房子早就被卖了,FV去了公安网上登记的户籍地址:巢湖××水泥厂宿舍。在该厂的保卫处,FV询问该客户的时候,门卫说听这个名字很熟悉,就是想不起来了。后FV在水泥厂宿舍问了一些客户的相关情况,打听到客户有一个兄弟叫作余××,安庆宿松人,不过很多年前就辞职了。他们以前是在水泥厂销售部的。

FV随后去到水泥厂销售部,一问余××,果然有人知道。水泥厂的人称,客户好像在老家安庆那边开了一个碎石厂,搞得还蛮大的。情况应该还不错,应该不会拖欠这一点钱的。

FV再次尝试之前客户的联系方式,居然取得了联系,对方表示,因为我们将其列入了黑名单,现在自己在银行办各种事情都无法办理,如果我们能帮其消除黑名单的记录,自己就把钱还上,FV要求见面谈判,但客户不同意。因客户手机彩铃增加了公司名称,FV通过进一步搜索发现客户是安庆××水泥有限公司的股东,该公司法人就是其哥哥余××。FV立即赶往安徽省安庆市望江县,就在汽车站旁边的××水泥有限公司,FV找到了客户的皖Q×××××小轿车。FV将该情况反馈给了公司。之后,拖车公司进行了跟进,并成功地扣下了车辆。客户在3天后就将近7万元欠款全部还清。(找到车后问题就好解决了)

分析:

找到该车非常不容易,客户人在巢湖消失,房子变卖,公司也关闭了,根本无从下手。一年后催收员重新尝试了客户的号码,结合在现场摸排的资料,确定了客户的大致位置。因客户手机彩铃增加了公司名称,FV通过该名称最终找到了客户及其车辆。在多次试探客户还款无果的情况下,最终让公司扣回车辆。客户在扣车一周内就全额结清了贷款。这辆车核销后,正是因为再次寻找和锲而不舍的努力,才最终扣下了客户的车辆,促使客户全额结清贷款。

启示：

锲而不舍是催收人员最宝贵的精神，只有催收员锲而不舍，"老赖"才能无处遁形。

[案例三]

屌丝男骗婚终被甩，葛神探摸底擒车来

客户情况概述：周某某，男，31岁，购买骐达，贷款8万元，36期，目前已还20期，逾期3期、68天，逾期金额9 100元。客户本打算通过结婚改变自己的命运，因房子是女方家买，客户刷信用卡装修，后因信用卡无力偿还，最终被女方家人扫地出门。

现场催收员：葛××。

根据电催记录，客户承诺在6月4日还款，但是后来一直未还款。该欠款已逾60天以上，于是派发现场催收任务，要求去找担保人周某，并进行施压。6月10日，FV来到客户家所在的宣城市，FV此次先是去了客户的单位，位于中山路中段×号×专卖店（宣城××商贸有限公司），后来得知该店的老板就是客户的堂姐夫，从该店了解的情况来看，客户从来未在此工作过，这个收入证明是假的。

由于×店老板不愿意与我们沟通，FV又去了客户家位于宣城××的小区，在A×幢××××，FV见到了客户的前妻和岳母，在与对方沟通中得知，客户已于3月14日与其妻熊某某离婚了，并出示了离婚证。据其前妻称，客户在外欠了许多债务，不仅仅是车贷，这个车子被一个外号叫二子（王某）的人给拿去了。由于王某136××××××××的号码一直处于关机状态，FV给对方发了条短信，告知对方我司愿意把周某某车产证卖给对方，价钱好商量。对方未回复。

之后，FV立即去了客户位于××乡××村×庄组的老家，通

过村民指点找到客户的家里。客户的父母正好在家,但是对方不肯承认自己是客户的父母,FV 到隔壁邻居家里确认这就是客户家,并且他们就是客户的父母,FV 立即返回来,但是对方已经跑了。FV 就给担保人周某(其实就是主借人的妹妹)打电话,对方将电话设置了"拦截",我们无法打通。FV 给对方发送了短信,并告知自己在其家中,周某后来同意与 FV 见一面。

在与客户见面之前,FV 已经将客户以及其妹妹周某的情况进行了了解。其妹的房子位于宁国的宁阳东路上的××商都,是其前男友帮其买的,周某的男友已经因病去世了,担保人周某的条件也无力替主借人偿还贷款。

在宣城的西门,FV 见到了担保人周某。周某称自己的哥哥周某某(主借人)其实很会骗人,他现在这样的下场也是罪有应得的,他自己欠的钱应该在 50 万元以上,包括各个银行的信用卡,欠我们公司的就算比较少的了。他还欠各个朋友的钱,街坊邻居他都借过钱。而且周某某因无力归还欠债已经做好了进监狱的准备。周某透露,二子的车(我司贷款车辆)她前几天还看到过,二子王某和位于宣城×路上的××银行放款中心(十字街上,××钻石对面)的银行工作人员汪某关系较好,汪某是一个结过婚的人,二子未婚。二子经常去这里接汪某上下班。

之后,二子回电称我们能多便宜把车产证卖给他,FV 告知对方具体金额需要和总部沟通后给出。二子留了一个自己的新号码:187×××××××,叫我们如果算好了,打电话告诉他。

分析:

周某某这个案子很棘手。周某某欠了非常多的钱,FV 之后想办法见到过一次周某某,但是周某某已经破产,丧失了还款能力,之后再找对方怎么也找不到了。催收员根据客户前妻和担保人透露的一个线索,找到了车辆实际控制人。最后款项由第三方全额结清。该案的成功之处就是抓住了担保人的弱点(害怕我们找其父母),并利用此处了解到车辆的线索,通过线索钓出了用车人。

启示:

在日常催收中,经常会遇到客户由于欠债,车辆最终落在了第三方手里,而这第三方我们往往又不知道是谁。这时候通常就要考验现场催收员的智慧了,催收员要将现场找到的各种杂乱无章的线索进行梳理,最后理清主线,看找到谁是解决问题的关键。本案找到了担保人客户妹妹,由其提供线索找到了第三方债主,最后由用车人还清了贷款。

[案例四]

年轻人贷款造假,催收员施压家人代偿

客户情况简述:余某,男,24岁,福建省福州人,购买NISSAN轩逸,贷款金额82 000元,贷款36期,已还16期,贷款余额55 000元,逾期36天,逾期金额5 575元,首次逾期30+,之前每月均未按时还款。

现场催收员:周××。

催收员接到任务后,首先查看贷款申请资料分析案情:

① 客户余某1989年出生,首次购车,购买车型为轩逸1.6豪华版,未婚单身,提供的工作单位为福州一家精品酒行,担任销售经理4年,收入7 000元/月,本人在汽车租赁公司投资了10万元并有股份,分红收入8万~9万元/年。

② 母亲张某为共同借款人,在汽车租赁公司担任财务,收入4 000~5 000元/月。

③ 查看客户提供的银行流水,多为大额的转入并当天转出。

④ 主借人征信显示有一家单位为福州市×汽车租赁有限公司,共同借款人征信工作单位空白,两人居住地址显示为同一地址:福州市晋安区秀山路××小区×号楼1001,且为购房入住。

⑤ 查询车辆违章,显示车辆有 3 个同一地址的违章停放。

现场催收准备工作完成后,催收员次日出发。

催收员于中午到达福州市,首先前往主借人的单位地址:福州市晋安区××路268号,×××精品酒行。到达该地根据门牌找到268号,该地址为一家服装店,催收员进店询问,店主表示自己开这家店已经有2年多了,没有听说过×××精品酒行。主借贷款时间尚未达到2年,该地址确认造假。

催收员于是立即前往主借人征信报告上的另一工作单位:宝×汽车租赁。到达后进店询问,店内有4名年轻人正在打牌,询问店老板,其不耐烦地表示主借人没有在这里,再问就显得很不耐烦了,催收员眼看这边也问不出什么情况了,于是暂时离开前往客户居住地址。

主借人的居住地址:福州市晋安区秀山路××小区×号楼1001。催收员到达后敲门,共借人开门,催收员表明身份后,共借人表示当时主借买车的时候,家里人都不同意,现在主借人也没有固定工作和收入,整天也不着家,做母亲的打电话也不接,自己也是拿这个儿子没有办法,车贷的事情只能找主借人处理了,自己不会替他还债的。催收员严肃告知其作为共同借款人,在合同上签了字,就必须履行还款义务。主借母亲说自己从来没有签过关于买车的任何文件。催收员现场拿出共借人签字的照片,催收员自己看着照片比对,也发现签字的人确实不是其母亲,照片中的中年女子身着正装,催收员怀疑应该是主借人让车行的工作人员冒名顶替的。催收员随机应变,不动声色地告知共借人,这张照片里的人,就是主借人带到车行去签字的,说这个人就是他母亲,现在事情已经很清楚了,你儿子涉嫌提供虚假材料骗取金融机构贷款,已经构成欺诈嫌疑,我们有权拿着这些材料到经侦大队去报案,到时候你儿子可是要判刑的。共借人听到这里就愣住了,反应过来后态度大转变,说年轻人不懂事,你们大人有大量,不要跟小孩子计较，这个车款主借人肯定是会还的，再给主借人一点时间，但就是不提还款时间。催收员知道这样磨下去没有意义，把心一横，对共借人说，让你儿子准备坐牢吧，撂下这句话后头也不回地往门口走。共借人连忙抓住催收员的手说不要这样，不要这样，她帮他还。催收员回说要还就现在还，现在不还就算了，而且以后每个月都要准时，只要有哪个月不准时，马上就报案。共借人看催收员态度强硬且没有商量余地，只好答应，并与催收员出门一起将2期车款汇入公司对公账户。(不存入扣款的银行卡是担心主借人收到银行短信后将钱取走或被其他代扣业务扣了)

分析：

客户的3个地址有2个已经失效，只有1个是有效的，贷款资料多为虚假，还款能力差并且逃避催收，主借人社会经验尚浅且筹款能力有限，所以即便找到主借人，还款的希望也不大，因此，对共借人的现场施压显得尤为重要。共借人一开始表现出对主借人的漠不关心和满不在乎，催收员如果按照常规的催收话术和套路进行催收，很有可能这个案子还款的希望就非常渺茫了。当催收员拿出签字照片比对过后，给主借人扣上了一顶涉嫌诈骗的帽子，共借人开始不停地替主借人辩解、说情，这个案子才重新出现还款的希望，所以当催收员真的放出大招说要报案并离开的时候，共借人才表现出真实的一面从而促成还款。

启示：

在客户没有还款能力只能寻求家人代偿的情况下，现场施压力度一定要到位，且务必要趁热打铁，当场处理。如果拖延时间过长，代偿人就有可能抱满不在乎的态度而拒绝代偿。

[**案例五**]

不孝子拖欠大量欠款,智周闸法理化解困难

客户情况简述:杨某,男,30岁,福建省泉州人,购买NISSAN阳光,贷款金额52 000元,贷款期限36期,已还18期,贷款余额27 500元,逾期42天,逾期金额3 620元。首次逾期2期。

现场催收员:周××。

催收员接到任务后,首先查看贷款申请资料,该客户工作单位为一家鞋厂,无具体地址,网络及"114"查找无效。居住地址与户籍地址一致,催收员决定去户籍地址上门催收。

催收员到达主借人户籍地址泉州市安溪县湖头镇××村,到达后询问村里小卖部老板,打听到主借人的叔叔在村里做铝合金的生意,在村里盖了一个厂房。催收员来到主借人叔叔的厂,一年轻女子表示主借人叔叔不在,催收员告知情况后,年轻女子用方言打了几个电话,然后显得很气愤。一中年妇女听到年轻女子打电话后从厂里走出来询问情况,催收员表明身份并简单告知情况,中年妇女叹了一口气,告知催收员主借人家的具体位置,催收员立即赶往。

到达后主借人父母、共借人及两个小孩出现在现场,主借人母亲躺在沙发上,脚上缝了很多针,催收员告知情况后,主借人母亲当场打电话让主借人回来。等主借人回来的间隙,与主借人母亲交谈得知主借人还欠了不少信用卡款,有几家银行都寄了催款函过来,主借人父亲现在是癌症晚期(交谈期间还有乡村医生来帮其打点滴),还好有保险,其父亲的病还能拖住,她和丈夫都是靠低保度日,还要养2个小孩,共借人在工厂上班也没有多少钱。催收员在与主借人母亲交谈中不断地灌输:如果主借人因为欠钱被抓了,这个家就垮了。通过交谈,催收员心里已经有了催收策略。

等了两个多小时,主借人回来后,催收员立即送上律师函并告

知起诉的费用要1万元左右,一旦诉讼,法院将对车辆强制扣压,并按照贷款余额进行拍卖,律师费、评估费另外计算,之前主借人还的月供也都打了水漂。催收员一边说一边走到车辆旁边拍着车子问:难道这部车还不值3万元?主借人回答说当然不止这点钱。催收员询问其是否还有银行的信用卡,主借人吞吞吐吐地说有一点。催收员告知信用卡欠款只要欠款本金超过15 000元且时间超过3个月,就属于诈骗,以你现在的家庭情况,如果你被抓去坐牢了,你的父母怎么办?你的老婆怎么办?你的孩子怎么办?你现在作为一家之主怎么可以这么不负责任?按照合同约定上门催收一次就需要加收600元的上门费和300元的律师函费用,现在还能承担得起这些费用吗?催收员一连串的问题让主借人无所适从。主借人母亲开始在一旁劝说,说:"小周都是为你好啊,你快点问问小周现在怎么办啊。"催收员就打蛇随棍上地告知主借人:现在唯一的办法就是卖车还款然后归还信用卡贷款。主借人低头沉默了许久,他的母亲在一旁不停地劝说让其把车卖掉,现在家里养不起这辆车,也不需要用车啊。主借人终于承诺下周一(16日)还款,并签署了"两书"(承诺还款书及车辆放弃授权书)。16日中午,主借人来电说已还款2期,现在已经在找买家要卖车了。当月月底客户结清贷款并将车辆卖掉了。

分析:

当客户的父母遭受不幸,催收员本能地同情其遭遇的同时,冷静分析,有效利用心理战术,联合客户的母亲,施压得力。并现场根据客户的状况和家庭情况——四处欠款、无能力再供车,给出了卖车还款的解决方案。催收员见到客户的父母遭遇并未盲目同情而退却;经过思考和判断,对客户父母的心理分析得当;对客户的施压尺度拿捏得当,最终说服客户采取了催收员建议的方案。

启示:

动之以情,晓之以理,威之以法,诱之以利,催收16字法则,在这个案例中全部用上了。

[案例六]

离异客户欠债耍赖，催收员攻心共借人代偿

客户情况简述：客户名"胡××"，贷款车辆为天籁，期限为36个月，贷款金额149 000元，已还18期，逾期2期，天数39天。之前有外包公司上门，未能找到客户夫妻、担保人和目标车辆，电话联系上相关联系人，却未能回款。

现场催收员：付××。

上门详情：

2014年3月13日晚，催收员接到任务，即联系主借人，对方态度很差，仍使用"过几天存进去就是了"之类的敷衍话语（对上海电催同事也这么说），催收员问其确切的时间，对方便挂断，再不接听，只能上门。

3月14日白天，催收员联系厦门4S店，但店员似乎不大配合，资料信息都是FV问什么告诉什么，而让帮忙打电话催客户，对方以原销售人员不在等理由推托。FV便自行整理客户所有材料信息，共计7处地址，跨两县市：厦门市（仙岳里小区、莲岳里小区、仙阁里小区、汇腾大厦）、长汀县（乌石巷、县工行、××茶庄）。而客户的相关电话都有效，但均不能促使客户及时还款。

3月15日，催收员抵达厦门，便前往查找，到达仙岳里小区后，从楼下的固定车位及停车库看车牌，未发现客户车牌，催收员咨询保安人员，并要求查看他们的车牌登记簿，发现客户的车子确实有在该小区出入。但工作人员告知催收员，已经很长时间（1年多，之前的登记是物业抄的）没发现这部车辆出入了，何况对方现在是逃脱汽车贷款债务，可能已搬走了。催收员给该保安留了名片，并告知该保安，若其见到该车，请联系催收员，本司会考虑给些

奖励。离开后，催收员便前往担保人的房产地址，离仙岳里小区不远的莲岳里小区86号×××室，没人应门，但从猫眼往里看，应有人居住，但干等不是办法。催收员再找到对面的仙阁里小区（担保人的身份证地址），亦无人应门。催收员便决定去客户原所在的典金担保公司，物业人员告知该担保公司已搬走，催收员随后去了4S店踩点，让帮忙，并留了名片。没有进展之下，催收员只能赶乘傍晚的汽车，前往客户的老家长汀县。

3月16日，催收员先去客户的户籍地址乌石巷××号，无人在家，隔壁邻居告诉催收员，客户父母已故，哥哥在龙岩，房子现租给别人，让催收员等到租客，由租客告诉客户地址。闲谈中获悉，客户原在工行工作，是押送人员，当时手握枪支，很张扬，甚至"连邻居都不放眼里"，其实，客户从没住那里，房子是客户的父亲早期花1万多元购买的。等到租客回来，对方也称不知道客户的地址，自称从客户的哥哥手上租的房子。催收员便去客户原工作的工行（县政府对面不远）打听，工作人员告知客户早离职，但有时经过行里，会进来坐坐。催收员问询客户的爱人名下的茶庄是否还在开，工作人员告诉可以找到。催收员便前往××茶庄（催收员之前拨通过该店电话，没停机，说明还在营业，故有希望找到）。催收员找到该茶庄，茶庄内挂有客户夫妻与福建省委原书记的合影。当时，共同借款人的母亲和一位茶友在场，催收员问询客户，对方称不知道，催收员要求见共同借款人，让用店里电话拨通他们的电话（因客户把催收员电话已设置黑名单，而共同借款人接通电话但不说话或者直接挂断，担保人故意欺骗说打错了便挂断）。不久，共同借款人回到店里，催收员告知来意，让其还款。共同借款人表示，自己已和客户协议离婚，并且车子事宜已经由法院判决由客户解决。催收员无奈，让共同借款人拨打客户电话，联系上后，客户还是拖延，自称月底方能有钱还，催收员告知其不能拖那么长时间，对方很蛮横，摆出"行就行，不行也得行的阵势"，甚至放出狠话,"随便你们!等不了,你们爱咋办就咋办,那就按程序走吧,起诉我"。催收员告知,时间不等人,特别是他这种高风险客户,没有商量余地,到月底就得要求其一次性将本息全部结清。而对方又不肯,催收员便要求其马上还款,因客户口述已不可信,故约其见面,对方称不在福建,催收员问其具体方位,对方拒绝,催收员便要求其还款,还不了就交出车子,对方又耍赖。焦灼之下,客户挂了机。后客户回电,让催收员不要找共同借款人,称自己会在25日之前将全部本息一次性结清,催收员告知其所说的话不可信,要求与他见面,签署协议书,对方拒绝,又说让催收员想怎么办就怎么办,实在不行就起诉他。催收员让他再重复一遍,便用手机将该段话录了下来。

和主借人谈判无果,催收员转头做共同借款人的思想工作。和共借人谈她的茶庄开了多久、怎么做起来的,谈他们的孩子跟谁,谈客户怎么突然经济危机,谈他们关系怎么会走到这一步,等等,聊了2个多小时。催收员又拿出律师函给她看,闲谈中,她表示自己离婚后帮客户还过好几期车贷,为此还被朋友及母亲说过;还谈及她自己想买个车,只是因为被客户拖累,帮忙还了上百万的债,等等。催收员问其为什么离婚了,还对他这么好,她只是表示,他家人对她很好很照顾,还谈起她带着孩子开茶庄10多年,一步步做大等。催收员告诉她,曾拨打过客户的哥哥几次电话,但其哥都称自己找不到他,甚至让催收员建议本公司起诉客户。共同借款人便告知,客户的哥哥在工行龙岩分行工作,还是个小领导,而客户也是因他哥哥的关系才进到工行,之前做押运保安工作,后来还做过一段时间信贷。聊了很久,催收员觉得共同借款人知恩图报,且努力将事业做大,是个值得尊敬的女人。催收员在闲聊中还询问客户是否常回来看孩子以获得客户和目标车辆行踪。后来,催收员再次让共借人帮忙转达催收函和律师函,并告知都要收费,如再不还,真要起诉了,对方表示不会承认收到过并拒绝转交。催收员建议其先帮客户垫上 2 期,以后向客户索要归还,一方面帮客户省下律师函费用,一方面做了人情。她有点迟疑,纠结 600 元的上门费用,催收员看其有代偿意愿,便赶紧拨打电催电话,商量先不收 600 元,共同借款人便同意了马上转账。催收员拍下了转账成功的记录。此案现场催收成功。

分析:

离婚案也是现场催收中最为常见的案例之一,虽然法律和合同都约定离婚双方都有义务偿还车贷,但现实中总有一方以离婚协议或法院判决为由拒绝偿还。同理,此案中,客户夫妻已通过法院判决离婚,规定车贷由客户偿还,我司还是有权向共借人追索;但若是一味以法条或合同施压共借人,效果未必令人满意,甚至适得其反。首先,催收员在整个催收过程中,每个电话、地址都联系查找,甚至给保安名片让其留意目标车辆,不放弃任何线索的精神可嘉。其次,在与共借人的谈判中,怀着一颗同情心与其沟通,谈她的生意,拉家常,看出共借人是个懂得感恩、心软的女人(帮客户还债上百万元);同时穿插着给客户电话施压、录音"让起诉",劝谏共借人做人情、省费用、帮忙先代偿再追索,起到了很好的效果,结清了逾期款。

启示:

催收工作在很大程度上就是一个攻心和谈判的博弈过程,催收员除了要有侦探员的细致外,还要提高自己的沟通技能,当感到谈话的气氛相当压迫或碰到僵局时,可以有技巧地结束谈话,换一个合同相关人继续催收。

[案例七]

失联客户村民误会报警,催收员借势施压家人还款

客户情况简述:客户名"吴××",贷款车辆为天籁,期限为 24

个月,贷款金额120 000元,已还8期,逾期2期,逾期金额12 000多元,天数45天。客户失联,电话催收家人不配合。

现场催收员:付××。

2013年3月1日催收员接到任务后,即联系客户相关电话,仅有家庭电话和紧急联系人可拨通。前者为妇女所接,说了几句当地方言后就直接挂断,似乎是说"没钱",而紧急联系人名为吴××,自称是客户的堂兄,催收员约其见面被拒,故决定上门。

3日下午,催收员从晋江坐车到磁灶镇(客户在镇上有过一个××建材经营部),未能找到;后顺道赶往晋江的天工陶瓷城,从陶瓷城的分布看,客户名下的福建××建材营销中心已不在了,故从天工陶瓷城转车到南安市的客户老家。

乘车过程中,催收员一路打听到田坂村,结果发生了戏剧性的一幕。进村后,打听到一户人家,一年轻人在家,询问是否"吴××",对方称"是",催收员便告知来意,让其核对客户信息,对方便直接报警了,认为催收员是诈骗人员,后警察来到现场,催收员出示身份证件及工作证,处理中同时与紧急联系人联系,让其到田坂村来。与警察这边事情解决后,紧急联系人终于同意会面,原来田坂村好几个小组,催收员刚去查找时,是第4组,而客户家在第1组,但巧合的是,该村有两个吴××。

从紧急联系人处了解到,客户的父亲在外跑客运,原给了150多万元给客户经营陶瓷店,但赌博让他输掉了所有,并且欠了很多的高利贷款,经常有人到其家催债,故已躲藏在外,无法联系上。催收员跟紧急联系人谈了很久,告知已逾期40多天了,希望能联系上客户的父母,若是逾期50天,本司将会采取法律手段,这样下去,客户将会有人生的一个污点(被起诉成金融诈骗犯、合同违约),毕竟客户还年轻。紧急联系人给了客户父亲的电话,并给催收员指明了客户家的房子,表示愿意帮忙劝客户的父母处理车贷事宜,若钱不多,自己也可以帮忙垫一些,如欠款太多,得和客户的父母商量，各自承担一部分还款。

在紧急联系人家，催收员联系到了客户的父亲，对方非常无奈，自称已无法管儿子的事宜，自己已经尽力了，儿子让他失望，他在外跑客运，未在家，无法见面谈。催收员便来到客户家，见到了客户的母亲，但对方不会说普通话，而催收员又听不懂她所说的方言，找到邻居帮忙翻译，邻居表示，客户过年都没回家，无法联系上，其母亲也很想念他，但家里没钱，即使有钱，也不愿意替他还款。催收员告知其事情的严重性，若再这样下去，客户可能面临法律诉讼，这是人生的一个污点，希望作为客户的家人能够重视。

3月4日早上接到紧急联系人致电，表示已在扣款账户中存入了13 000元。此案后来偶有逾期，但最后还是如期结清。

点评：

此案中，客户失联躲逃，其家人最初不配合，故意不管不问，在得知邻居报警后，紧急联系人转变态度，同意约见，说明详情后愿意代偿逾期款。在现场催收中，有些不明事理的客户或家属也会报警，比如部分客户总以为是扣款日的当月月底才交月供导致误会，做此类工作时，催收员要准备充分，有时客户的月供被别的贷款扣走却坚称已还款，等等。事先准备好工作证或名片、催收客户的合同材料等。

本案启示：

催收员在处理这个失联案件时运用了本书开篇中嘴勤脚快和多管齐下的原则，现场催收一路不停挖掘新的线索，询问新的信息，在接触到客户的家人后发现其有代偿能力，通过当地警方和法律武器施压，找到了新的代偿人，救活了一笔车贷。

催收业绩统计和风险管理

5.1 主要风险计量指标及应用

本小节围绕催收部门的主要风险指标展开,主要介绍逾期率、账龄分析、转化率和首二期逾期等风险计量指标。这些指标的统计,不仅反映了催收部门的业绩,有些也可以体现出审批部门的业务情况,如新出台的审批政策是否适用?逾期率增高主要是由于贷后出现了问题(如催收部门的人员配置或培训),还是贷前出现了问题(如客户资质或审批政策变化)?根据这些分析结果,可以帮助公司决策层在风险和利润之间找到更有利的平衡点,或是对贷前和贷后进行更好的资源优化配置。总而言之,数据是为决策服务的,在数据中寻找到的规律和发现的疑点,时常能够帮助决策者在风险管理中做出正确决策,合理配置资源,减少损失,获得更好的收益。

本着商业数据的机密性,本章节用到的所有数据均为虚构!望读者不要将其视为行业标准指标,或任何一家公司的某阶段真实指标,以免造成误导。

5.1.1 逾期比率

逾期比率是衡量催收部门业绩的一项重要指标,同时,也是公司风险计量的主要指标之一。一般最常用的是逾期 30 天以上的比例,即 OD30 + (overdue 30 days plus),指的是逾期 31 天直至核销的账户的未还本金在贷款余额之中的占比;有时也以数量统计,即逾期31天直至核销的账户数量,除以保有合同总量(outstanding number)(注意:分母一般不使用历史放款量)。OD30+一般在月初时计算,作为截止到上个月月底的逾期情况和催收风险的体现,逾期比率表现的只是某个时点的情况,而不是历史累计数据。

逾期比率除了OD30+之外,常用的指标还有OD1+,OD60+,OD90+,OD120+等,根据宽限期等规定的不同,可做出调整。如,在公司规定给予逾期客户5天宽限期的情况下,可以灵活地运用OD6+作为衡量客户是否开始逾期的指标。此外,逾期60天以上直至核销的这一部分资产,一般会将它作为不良资产(non-performance loan),因此,OD60+也是一项非常重要的指标。通过对OD60+变化的分析,我们可以提前预测坏账率的增加或减少,提前对核销组的人员配置进行规划,以期最大限度地减少未来的核销。

逾期指标与资产的五级分类也有一定的对应关系。人民银行对于金融机构的监管中,要求将资产进行五级分类,零售常用的五级分类方法见表5-1。

表5-1 零售常用的五级分类

五级分类	对应逾期天数
正常类	0
关注类	1~60
次级类	61~90
可疑类	91~120
损失类	121+

一般情况下,关注类账户还可分为1~30天和31~60天逾期,便于统计转化率时作为参考。当然各金融公司对于具体的五级分类划分和核销政策都不是千篇一律的,例如,某些汽车金融公司会选择将月末逾期120天以上定为核销即损失类资料的标准。

5.1.2 账龄分析

账龄分析是从历史放款的角度,观察经过一段时间后,账户的还款和逾期情况。从账龄分析可以得出某段历史时间内的贷前政策的变化情况,以及该政策对贷后资产表现的影响。

账龄分析可以基于账户数量,也可以基于未还本金。相对更易于描述的是基于账户数量的账龄分析,因此,笔者就以此举例来说明几种类型的账龄分析方法和账龄分析的用途。

5.1.2.1 核销账龄分析

核销账龄分析旨在了解某一个阶段放款的账户在未来一段时间内的累计核销比率。

假设2013年1月共放款1 000单,其中,在6月以后,每个月都有5个账户核销,那么,截止到2015年1月,共有100个核销账户,核销比率为10%,见图5-1。

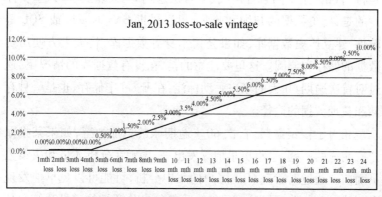

图 5-1 核销账龄分析图

当我们把样本扩展为2013年1~6月时,我们将得到6条账龄曲线,根据账龄曲线斜率的不同,就可以判断某段放款时期的客户资质区别。如在2013年5月,贷前大力推广一项简化审批材料的政策,那么这个时期放款的账户可能总体风险要高于其他月份,因为审批政策放宽,可能导致批复率升高,客户资质可能会相对较差,那么5月放款的客户在未来24个月的累计核销率将高于其他几个月放款的客户。因此，通过对核销账龄的分析，我们有时可以倒推得知某段时间的审批政策是否成功，后续的影响是怎样的。当然，累计核销比率的提高，可能也和催收能力以及经济环境有关，但是，这些影响因素往往会使得账龄曲线整体出现一个波峰，而不是仅仅影响某个月放款账户的后续表现。

以金额计算与以数量计算核销账龄的原理是一致的，计算公式是：累计核销金额除以这批核销账户的当月放款总金额。以金额计算的累计核销比率往往要小于以数量计算的比率。因为以金额计算的方法已经扣除了客户已还的月供金额，因此相对来说，这种计算方式更为严谨和准确。

5.1.2.2 首次60+逾期账龄分析

首次逾期60天以上的账龄分析和核销账龄分析非常类似，只是将"核销"这个因素替换成了"首次逾期60天以上"。这里要注意的是，历史数据的归纳和收集，可以借助SAS、Oracle或SQL等软件，建立历史数据库，如果公司本身有数据库，将大大方便历史数据的储存和调阅。这里要注意的是，在没有数据库的情况下，通过对首次逾期60天的账户手动标注，在Excel中储存，也是一种存储和整理数据的途径。

相对于核销账龄，首次60+逾期账龄更加敏感，如果某批账户有明显的问题，也将更早地爆发出来，展示在分析人员和决策人员面前。通过对首次60+账户的集中分析，可能可以更早地发现和叫停一些与公司风险承受能力不符的过分宽松的审批政策。从中我们可以看出，催收从来不是孤立存在的，从微观的角度来说，催收是对某一个客户信息的追踪查找，是一个谈判和斗智斗勇的过程，需要从源头找寻客户的信息，了解逾期客户的情况和软肋；而从宏观的角度来说，催收的一些关键性的指标，特别是基于放款的分析，如账龄分析，反过来也是对审批政策和审批质量的测试。催收的这些指标，可能将左右贷前政策的改进变化，进而影响市场对本公司产品的反应。这是一个联动的过程,催收只是其中的一个节点,而不是终点。

特别要注意的是,当我们解读账龄分析结果时,必须首先排除催收部门自身原因和经济环境变化的原因。这里,我们须观察催收部门的人员绩效指标,如成功率、全部回款率等(这些指标会在下一章节中详细说明),以及外包呼叫中心的表现和低逾期自愈率。而经济大环境则可以看GDP、汽车行业增长率甚至股指,衡量客户的还款能力。当然,在做账龄分析时,往往催收能力和经济环境指标对所有批次客户的影响都是相差无几的,不会仅仅影响某一段时间放款的账户。因此,这样的因素还是比较容易排除的。保险起见,建议统揽全局,避免误判。

5.1.2.3 核销后收回账龄分析

核销后收回账龄分析与之前介绍的两种账龄分析有一些不同,它的分析对象是已经核销的账户,希望从中得知的是,经过一段时间后,某批次的核销账户能够收回多少款项。

核销后收回账龄分析也有两种计算逻辑:按照数量或按照金额。这里要推荐的是按照金额计算的核销后收回账龄。因为核销后收回不一定是一次性的,可能要分几笔,分几个月来完成,甚至某些账户最终也只能收回一小部分核销款项。因此,按照金额计算的核销后账龄更能精确地反映核销后收回的实际耗时情况。

例如,2013年1月共核销10万元,之后的每个月都会收回1万元,那么,到2013年2月,核销后收回比例将为10%,3月的核销后收回比例为20%,依此类推。

当然,在现实中,核销后收回比率分布也是不均匀的。一般在核销后的头3个月到1年,单月核销后收回比例较高,之后就会逐步下降。体现在核销后账龄分析曲线上时,我们会看到,核销后第三个月左右,曲线会有一个大的拉升,一年后升势趋于平缓。这项规律不适用于以法务诉讼作为主要核销后收回手段的公司,因为法务诉讼耗时较长,相应地,核销后收回高峰也会向后推移,或十分集中在某个时间点,这都是法务诉讼的特点决定的。与此同时,催收部门政策及人员配置的变更,如核销后外包政策变更等,也将很大程度影响核销后收回账龄曲线的走势。

5.1.3 转化率

转化率,又叫迁移率,是指一批账户在经过一个月后,转入下一个逾期阶段的比率。这里介绍的转化率是一个较为笼统的概念,不是精细化的。举例说明这里转化率的计算方法:例如,2015年3月31日扣款后共有100万个正常账户(即没有任何逾期的账户),截止到2015年4月底,有3万个逾期1~30天的账户,那么,4月正常账户的转化率为3%。而这3万个逾期1~30天的账户,并不一定全部来源于3月底的正常账户,有些可能是3月底的60+账户,通过催收还款后,还剩余一期款项没有还清,因此在4月底刚好是逾期1~30天的状态。所以说,这样的转化率指标是相对粗略的,但由于其易于统计,而且可以从宏观角度说明问题,因此,它的应用范围广泛,它除了有衡量催收各逾期阶段风险情况的功能外,还是一项做催收业务预测时必不可少的指标。一般催收部门的年度预算、人员配置决策等,很大程度上都仰仗于对各阶段转化率的判断。

首先要介绍的是,以转化率为基础假设的资产损失成本预测(cost of loss)。这项预测的另一个条件是得知月度新增合同金额以及月度还款金额,也就是说,要结合市场部的销售和预计还款数据。上月保有合同量加上本月新增合同量减去本月还款就是保有合同量,依此类推,上月保有合同金额加上新增合同金额减去本月还款金额就是保有合同金额(为方便统计,这里的金额指的都是未还本金)。因此,当我们有了销售市场部门对于新增合同和预计还款量的预测,就可类推得到之后每个月的保有合同金额。例如,截止到2月底的保有合同金额为8 000万元,3月新增合同金额为1 000万元,3月预计结清金额为500万元。那么,截止到3月底的保有合同金额为 8 500 万元。那么保有合同中,五级分类的分布又是怎样的呢？这就需要用到之前提到的转化率指标。

假设 2013 年各逾期阶段的月均转化率如表 5-2,表中 M0 为正常,M1 为逾期 1~30 天,M2 为逾期 31~60 天,M3 为逾期 61~90 天,M4 为逾期 91~120 天,M5 为逾期 121+,也就是当月毛核销金额(表 5-2)。

表 5-2 转化率

	2013 年月均转化率
M0→M1	5%
M1→M2	10%
M2→M3	50%
M3→M4	80%
M4→M5	85%

从表 5-2 中我们可以得出,未逾期的贷款,经过一个月时间,月均有 5% 左右进入逾期 1~30 天,依此类推。

若我们已知 2013 年月均转化率和 2014 年月度保有合同金额,我们需怎样做出 2014 年的资产损失成本预测(cost of loss)呢？第一步,是要得出 2014 年每个逾期阶段的金额分布。例如,若已知 2013 年 12 月底的各项逾期阶段金额,要预测 2014 年 1 月的各项逾期阶段金额(表 5-3):

表 5-3 各项逾期阶段预测金额

	2013 年 12 月(已知)/百万元	2014 年 1 月(预测)/百万元
M0	96.0	=市场部门预算(2014 年 1 月)-M1 到 M5 所有逾期阶段金额
M1	3.0	=上月 M0×5%(M0→M1 转化率)
M2	0.4	=上月 M1×10%(M1→M2 转化率)
M3	0.3	=上月 M2×50%(M2→M3 转化率)
M4	0.2	=上月 M3×80%(M3→M4 转化率)
毛核销金额	0.1	=上月 M4×85%(M4→M5 转化率)
保有合同总金额(核销前)	100	=市场部门预算(2014 年 1 月)

依此类推,我们就得到了2014年每个月月底各逾期阶段的金额,其中包括每个月月底的毛核销金额。接下来,就是要计算每月的拨备金额。在公司营业伊始,由于样本量不足,可以参考银保监会对于各五级分类阶段的资产拨备要求进行拨备。这里给出的参考如表5-4。

表5-4 拨备率

五级分类	对应逾期天数	拨备率
关注类	1~60	3%
次级类	61~90	30%
可疑类	91~120	60%
损失类	121+	100%

我们将各逾期阶段金额乘以各阶段要求的拨备率,就可以得出当月预计的拨备总额。以2013年12月的各阶段逾期金额和以上表格中的拨备率为例(表5-5):

表5-5 拨备金额

	2013年12月/百万元	五级分类	拨备率	拨备金额/百万元
M1	3.0	关注类	3.0%	= M1×3%
M2	0.4	关注类	3.0%	= M2×3%
M3	0.3	次级类	30%	= M3×30%
M4	0.2	可疑类	60%	= M4×60%

首先,资产损失成本(cost of loss)=拨备金额增量+净核销金额,也就是说,如果我们想知道2013年12月的资产损失成本的话,我们应当以2013年12月底的拨备金额,减去2013年11月底的拨备金额,加上2013年12月的毛核销金额,再减去2013年12月核销后收回金额,就是2013年12月底的资产损失成本。M0的拨备情况,应当与当地监管部门确认。

其次,催收部门的人员配置和人员产出变化预测模型,也常常基于转化率得出。假设我们希望在2016年开发一个新的系统,势必要向公司财务部门或者企划部门给出拨款开发新系统或在原有系统上维护新功能的论据支持。那么此时,对于之后几年业务量的预测,就成为非常重要的一个论证依据。而催收部门的业务量,就是各阶段逾期的账户量。这种预测与上面介绍的年度各阶段逾期量的预测十分相近。只是之前提到的预测,我们侧重的是金额的预测,而这里,更多侧重的是账户量的预测。因此,当我们选取上一年度平均转化率时,就要注意选取按照数量统计的转化率。

最后,拨备率的预测和更新一般也会用到转化率。之前提到,如果是刚刚开业不足两年的新公司,那么由于样本量不足,只能选择参考监管部门给出的拨备率。当公司运营若干年后,逾期账户已经有了一定样本量,就可以根据本公司的具体情况,使用适合本公司的拨备率来计算拨备金额(具体以这种方式计算的拨备金额,如何向监管部门进行申请说明等,不在本书的讨论范围内,这里,只是和大家探讨一种计算方法)。第一步,我们先由历史数据得出年初每阶段的转换比率。例如,下表的15%,指的是当年年初的关注类资产,截止到某统计月月底,有15%处于正常类分类(表5-6)。

表5-6 转换率和五级分类

	正常	关注	次级	可疑
正常类	30%	2%	0.5%	0.6%
关注类	15%	10%	0.4%	0.5%
次级类	2%	1%	1%	2%
可疑类	3%	2%	0.1%	0.2%

当我们知道一种类别变化到另一种类别的百分比(概率)后,第二步就是计算五级分类各阶段贷款最终发生损失的概率,这个概率就是各阶段逾期的拨备率。

根据 IFRS9 新会计准则,减值准备的计提有赖于预期损失模型,即预期损失(EL) = 违约风险敞口(EAD) × 违约概率(PD) × 违约损失率(LGD)。相较于五级分类法计算拨备,预期损失模型能够更个性化且更精确地体现出每一笔贷款的风险情况,并且不再局限于统计时点的逾期情况,而是扩展至未来一段时间的风险情况,甚至是贷款整个生命周期的风险情况。I9下的减值准备计提,对汽车金融公司风险计量团队的数据处理和建模能力都提出了更高的要求。

5.1.4 其他衍生指标

上面介绍的都是一些非常基础的风险指标,现在让我们举一反三,来看一些更为精细且有针对性的数据指标。

5.1.4.1 1PD,6PD

从账龄分析的角度精细化,我们得到了首次还款逾期(first payment default/FPD)和首二期逾期(second payment default/SPD)。这两个指标的计算方式,依次是:FPD = 放款后次月,首次还款逾期账户个数除以放款总量(须去除不是每月还款的账户);SPD = 首二期未还的账户个数,即放款后第三个月逾期30天以上账户个数除以放款总量(须去除不是每月还款的账户)。

FPD和SPD是从客户还款行为角度衡量贷款质量的重要指标,其中,SPD是衡量欺诈风险的重要指标。因为首次还款时,常有还款意愿正常的客户,由于银行卡扣款授权等问题未能及时还款,这些问题一般可以通过汇款等方法解决。然而,对首二期欠款都拒不偿还的客户,由于此时距离贷款申请时间较短,一般在这么短的时间内,有突发事件导致客户还款能力出现问题的可能性较小,因此这类客户存在骗贷或欺诈嫌疑。对于SPD的账户,建议通过联合审批部门协查或专人跟踪随访等,确认客户是否存在欺诈嫌疑。对骗贷嫌疑基本已经明确的账户,需要尽早报案,以期在主借人或事件策划人逃逸前,先于其他债务人追清款项,将本公司的损失降到最低。

5.1.4.2 1M3,3M3

1M3和3M3是逾期率和账龄分析结合的产物。1M3是某一个月放款的账户,在放款后第三个月月底的逾期 30 天以上未还本金,除以放款后第三个月月底的保有合同金额。3M3 与 1M3 计算方法类似,不同的是,1M3 指的是某 1 个月放款的账户变化,而 3M3 指的是循环 3 个月放款的账户变化。这两项指标都可以用来对比一段时间内的放款账户质量。而 3M3 比 1M3 更稳定,因为样本量更大,因此,从实践的角度来说更偏向 3M3。如果某 3 个月的 3M3 特别高,可以再逐个分析每个月甚至更精细的时间阶段发生的事件及其影响。因为即便是贷前政策的变化,也往往不会只试行一个月的时间,而是好几个月,那么 3M3 的起伏波动,可以告诉我们一段时间内发生的情况。

5.1.4.3 核销比率

核销比率可以分为净核销比率和毛核销比率,或是以核销金额计算的核销比率以及以核销数量计算的核销比率。核销比率的计算并不复杂。以用金额计算的毛核销比率为例,每个月月底的核销金额除以当月月末的保有合同金额,就是当月的核销比率。这是最常用的一种核销比率计算方法,也是我们比较推荐的一种方法。下面展示核销情况对比图,它的特色是,在一张图中可以做同期的比对,也可以和预算进行比较,十分清晰明了(图 5-2)。

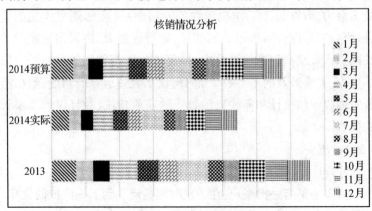

图 5-2 核销情况对比图

提到核销,就不得不提核销原因的归类分析。核销原因,一般可以分为:经济困难、恶意拖欠、失联、涉案、破产、车辆出险等。之所以将失联也列为一个核销原因,是因为有些客户从逾期一直到最终核销,都始终无法联系到,在这种情况下,催收专员难以根据催收记录获取核销原因。有些核销案件,核销原因不仅仅只有一个,那么,导致核销的首要原因是什么,由专业的催收人员来判定。每月收集一次核销原因,并且定期对各类核销原因的占比变化进行分析总结,是一个重要的流程,可以由风险分析人员与预核销催收人员共同完成。

综上,风险指标可以是千变万化的,而逾期率、账龄分析和转化率是三个基本指标。以这三个指标为源头,可以根据不同的需要,添加期数、产品、区域分布等各种维度,加以精细加工,这是一个不断学习、不断思考和融会贯通的过程。

5.2 催收人员绩效考核指标

催收团队与销售团队类似,大部分人员的业绩表现是可以量化的。然而,业绩指标的制定务必要兼顾效率和公平,在力求挖掘员工潜力,激发员工工作积极性的同时,也要考虑到个体化的差异,将一部分综合素质相关的指标,如管理能力、协调沟通能力等共同加入业绩测评考核系统中,使每位员工都能发挥其所长。以下内容,主要涉及的是"效率"部分,仅从数理运算的角度,给出笔者对催收业绩统计和催收风险管控的一些建议,并且仅涉及零售的催收。

5.2.1 流失

5.2.1.1 流失率

流失率是指一批账户,在一段时间内流失到下一阶段的比率。例如,2015年1月1日有100个账户逾期1天,截止到1月31日,其中有 10 个账户进入逾期 31 天以上，那么，我们可以说，这 100 个账户的流失率为 10%。

流失率又可以分为月度流失率、月初存量账户流失率和循环 30 天流失率。首先最容易理解的就是月度流失率。这也是计算中低逾期催收员成绩的一项重要指标，每个催收阶段流失率的高低，会直接关系到下一个催收阶段的工作量和整个催收组的工作压力，因此，可以说这是衡量催收能力的最重要指标之一。

例如，2015 年 1 月，催收员小刘（催收逾期 31~60 天的账户）共经手了 100 个账户，这里的经手账户，指的是当月曾经进入过他的分配列表的账户，无论在小刘的分配列表中停留的时长是多久，都要统计进去。这些经手账户中，到了月末最后一天，有 5 个账户进入了逾期 61~90 天，那么小刘 1 月的流失率就是 5%。

月初存量账户流失率，就是以月初第一天在催收员库里的账户为统计样本，到了月末最后一天，看有多少账户进入下一个逾期阶段。以这两种方式统计的流失率，最大的优点是简便便捷，而且，一般催收部门的指标都是以月计算的，因此，催收员提高对这两个指标的重视程度，可以大大提升催收部门的月度业绩。而从另一个角度来说，如果催收人员仅仅关注月底时候的催收业绩，那么，他们的工作强度分配是极度不均匀的，很可能月初的时候比较空闲，月底的时候特别繁忙，那么月底新进入催收员队列的账户也就不能得到及时的跟进。这样的指标设定，无法激发出催收人员的潜力。针对这一缺点，我们引入了循环 30 天流失率。

顾名思义，循环 30 天流失率是给每个账户 30 天的时间，30 天内不能催回至少一期的账户，认为其流失。这种计算方法的优点是，给每个账户统一的时间去处理，同时也比较符合新账户的分配逻辑，毕竟，大多数催收公司是每天给催收员分配新账户的，而不是每月月初分配一次。如果电话催收员能够重视以这种方式统计的流失率，那么每个账户也将得到相对公平均等的照料。而这种统计方式的缺点是,电话催收员对月末冲部门指标的意愿降低,并且,这个指标的统计难度大,对数据人员的技术要求也比上两个指标高。关于部门指标,可以通过 KPI 的设置来强化,而统计难度大的问题,只能通过数据人员不断钻研,用 SQL 或 SAS 等软件来解决会便捷得多。

5.2.1.2 流失金额

流失金额一般作为一项月度指标,主要针对逾期 61~90 天组的催收人员。因为他们的流失金额,将直接成为下个月的预核销金额。对于流失金额的重视,也可以迫使高逾期的催收员们关注一些金额较大的账户,这从保全公司资产的角度来说,是很有利的。

5.2.2 成功率(月度/cycle day)

成功率和流失率相对,是指一批账户,经过一段时间的催收,成功账户在全部经手账户中的占比。同一批账户,经过 30 天后,成功率和流失率之和应为 1。成功率因其成功的期数不同,分为完全成功率和部分成功率,而承诺还款,也是衡量催收业绩的一项重要指标,这里把它放到成功率一起来阐述。

5.2.2.1 完全成功率/部分成功率

完全成功,是指还款后变为正常的账户,也就是还清所有欠款的账户,包括提前结清账户。对于欠款一期的账户,还一期款项就是完全成功;而欠款两期的账户,必须还款两期才算完全成功,还款一期只能算作部分成功。

我们将完全成功率置于一个重要的位置,是希望通过该项指标的制定,强化电话催收员要求客户一次性还清款项的意识,避免电话催收员"养账户"(指一个账户每个月都拖欠 1~2 期,刚还一期,新的一期又到了还款时间)。"养账户"可以让电话催收员的成功率一直看起来不错,但是这样却有很大的风险。首先,如果是在客户不知情的情况下,一直未告知客户实际拖欠金额的,会导致客户的征信记录始终有1~2期欠款,这是一个明显的违规操作,如果被客户告发,也会使企业名誉受损。其次,如果客户知情,可能会对该公司的还款意愿更为消极,客户会认为,反正我每次都欠1~2期,你们也不会拿我怎么样,有了这种想法后,可能会进一步逾期,直至核销。而一些不可预测原因导致账户最终核销的,也因催收员"养账户"的行为而错过了最初几个月的催收时间,起码少收回一期的款项。同时,重视完全成功率,对催收员也是有好处的。长期"养账户"会导致手里的账户越来越多,顾此失彼,并且成功率也会被历史账户稀释。因此,养成尽可能要求客户还清全部欠款的习惯,对催收人员和企业都是十分有利的。

5.2.2.2 PTP(承诺还款)

承诺还款是迈向催收成功的第一步,一般承诺还款要求催收员在系统中标记,并且由专人或系统自动跟踪其承诺日期内的实际还款情况。有承诺还款率就有跳票率,或者说是BP%(broken promise),也就是在承诺日期内未按照其承诺还款的比率。PTP%和BP%的统计与系统息息相关。如果仅使用手工台账的方式来统计承诺还款是非常困难的,一则催收员容易忘记登记,二则日后跟踪统计BP%也十分困难。

承诺还款除了口头承诺外,还可以请法务部门协同律师事务所一起出具承诺还款书,对于金额较大的账户,如5050尾款账户等,出具有法律效力的承诺还款书,也是对客户施压的一种手段。

5.2.3 工作量

催收人员的工作量除了经手的账户量外,处理的频次和查找线索的难易程度,也将组成工作量的一个部分。除此之外,通话时长等与处理时间相关的指标,也能从另一个角度体现催收员的能力和催收习惯,这些指标共同组成了电话催收员的工作量,相对于流失率和成功率这些以结果为导向的指标,工作量指标被视作是一个过程指标,它可以帮助管理人员分析催收专员业绩优异或不佳的原因,也可以作为调节能力不同的催收人员工作负荷的手段。如能力较强的电话催收员,可在规定的工作量之余,追加一些佣金提成的账户,或是在其能力范围内,为其适当增加一些账户来提高该催收员的回款总金额或是成功个数等,以此鼓励能力出众的电催人员多劳多得,同时,也为一些新入职的员工或处于低谷期的员工分担压力,给他们适应和调整的时间。

5.2.3.1 处理量

广义上讲,处理量是指电话催收员经手的账户总量,无论其是否触达客户,都将其视为电话催收员的处理量。狭义上讲,处理量是指触达过或有过催收动作的账户量,包括派上门催收、发律师函等动作,都作为处理量的统计依据。广义上的处理量对系统要求不高,狭义上的处理量则要求有较为先进的系统作为依托,才能进行统计。并且,狭义上的处理量很容易有分歧,比如一个账户,每次触达都是无法接通的,那么要将其算作处理量吗？随着信息技术的发展,在网络等渠道查找信息变得越来越普遍,但电话屏蔽等软件的出现,也使得一些失联客户变得更加难找。而失联这一特殊情况,对于数据统计也是十分不利的。从以往的经验上来说,广义上的处理量更易统计也更易理解,较被广大催收人员认可。管理人员可以结合下文中的有效触达率和拨号强度来评估催收人员的业绩表现。

5.2.3.2 接通率(right party connect ratio)/通话时长

接通率顾名思义就是指接通电话的比率。接通率的统计方式也有两种,一种是指所有触达有效联系人(right party)的账户个数,比上当日或当月的全部处理量;另一种则更接近于客服的接通率,指全部拨出的电话中,有多少是可以接通的。后一种统计方法在基础系统支持的情况下,很容易做到;而前一种对系统的要求较高,一般要引入专门的软件才能计算并得出结果。与此同时,要触达有效联系人,也离不开系统的帮助。通过对于历史接通率的分析,我们可以找到最佳的拨打时间。例如,主借人和共借人都是白领上班族的情况下,家庭电话在18:00后的接通率高于9:00~17:00,而他们的手机往往在上班时间也能接通。但是对于个体户等,由于从事行业的不同,他们的生活规律、作息时间等也会有一定的特点,即使在没有软件帮助的情况下,有心的电话催收员通过对催收记录的分析,以及不断的尝试,也能一定程度上提高有效联系人触达率(right party connect ratio)。

通话时长则是一个非常个性化的指标,和电话催收员的催收阶段以及话术有很大关联。我们会发现,有些电话催收员习惯言简意赅,而有些则喜欢滔滔不绝。从效率的角度来说,我们当然希望电话催收员能用尽量少的时间,成功收回很多客户的款项。然而,如果某个电话催收员每个电话的用时,都远低于平均用时,他的成功率也不高,那么,作为管理人员就需要去关心一下,该同事的话术是否有问题,是不是在接触客户的过程中不够耐心,或者遗漏了一些重要线索的收集。而对于通话时长明显高于平均的电话催收员,如果其成功率较高,那么这位同事可能比较擅长与客户沟通,能在一个电话里留住客户,留下更多有效的线索,则可以根据其特点,考虑让其负责高逾期甚至核销后的账户。这需要管理者从实际情况出发,具体案例具体分析。

5.2.3.3 拨号强度

拨号强度指的是每个客户触达的频次。一般来说,一个客户从进入队列到流失入下一阶段的30天时间内,触达频率都起码超过一次。然而,这样的标准显然是不够的。对于不同的逾期阶段,拨号强度的要求也不同。拨号强度作为一个频次性指标,可以考量电话催收员的勤奋程度和跟进的持续性。针对不同逾期阶段,不同逾期原因的客户,管理者可以根据自身经验和催收部门的策略,制定对拨号强度指标的要求。有些已经派发上门催收或发出律师函的客户,可以对其拨号强度指标相应给出宽限。

5.2.4 回款

5.2.4.1 平均回款天数

平均回款天数是指催收员某段时间内，手中账户的平均回款时长。例如，小刘 2015 年 1 月共处理了 100 个账户，这些账户中，有 70 个还款了，无论是全部还款还是部分还款，我们就可以计算出这 70 个账户的平均还款时间，也就是从这些账户到小刘手中起算，截止到最终还款，一共花费了几天时间。

平均回款天数也是一个十分个性化的指标，它和电话催收员的催收习惯息息相关，与每个电话催收员的效率也同样相关。在实践分析中，正是由于分析了平均回款天数，才发现以上提到的流失率按月计算的弊端，也就是电话催收员的工作量在月初和月末极其不均衡，月初账户的平均回款时间相对月末账户要长得多。并且，平均回款天数也会受到电话催收员休假的影响，因为电话催收员一旦在工作日休假两天以上，他休假期间账户平均回款时间就会显著延长。这个因素可以酌情通过系统分配逻辑的改善来排除。比如，针对逾期 6 天的低逾期账户，由于其账户量非常大，那么，在电话催收员休长假期间，建议直接分配入在岗的电话催收员库中，等到休假的员工回到岗位后，可以每天多分配若干个账户以补足之前的缺失。

上门催收派发率是指电话催收员处理的全部账户中，派发上门催收的比率。例如，小刘 1 月处理了 100 个账户，其中 30 个派发了上门催收，那么，小刘 1 月的上门催收派发率就是 30%。而在催收行动路径未做出统一规定的情况下，不同的电话催收员的上门催收派发率差异是较大的。企业当然希望能在派发率最低的情况下，成功率达到最高。那么作为数据组成员，能做的是为电话催收员们找到一个平衡点。只有经过多次实验跟踪，选取各阶段逾期的样本，才能得出什么时候派发上门催收是最有利的，电话催收员的派发率在怎样的区间对成功率的提升最有帮助。分析上门催收派发率,还可以帮助管理者控制成本,对于一些浪费资源的电话催收员进行劝导,而对于一些吝惜上门催收资源的电话催收员,则鼓励他们使用。在实践中,我们发现,有时经过培训讲解,鼓励一些平时不怎么派发上门催收的电话催收员适量多派一些单,会达到意想不到的效果。而对于一些依赖上门催收的电话催收员,适当地控制其派单,这在短期内会影响其催收成功率,长期来看,反而能迫使其更精于电催,对于每次培训也更加认真参与,最重要的是,这样可以为公司节省不必要的开支,节约催收成本。

5.2.4.2 回款金额

回款金额指标主要有平均回款金额和总回款金额。平均回款金额主要运用在中逾期,当逾期账户的未还本金有显著上升时,我们会把这项指标的权重加大,以期提醒电话催收员更关注大金额的账户,平时来看,平均回款金额指标在低逾期阶段的使用频率不高,仅作为偶尔的分析使用。而对于高逾期和预核销阶段的催收人员,总回款金额就是一项比较重要的指标了。这也很容易理解,毕竟,高逾期和预核销阶段的催收次序直接关系到当月的核销,而核销的操作可以说是不可逆的。那么机会只有一次,从企业利益的角度,当然应当把欠款金额大的以及未还本金较高的置于前列。

然而在实践中我们发现,有时过分关注回款总金额,会导致预核销阶段的电话催收员对欠款金额低或未还本金低的账户不屑一顾。一般来说,未还本金较低的账户往往催收难度较小,客户已经付了大部分款项,只差一点点尾款就可以拿到抵押在汽车金融公司的车辆登记证,那么从谈判的角度来说,我们更有主动权,客户也更有意愿还清尾款。但是,如果预核销催收人员仅仅以未还本金为中心,不顾小金额账户,那么核销个数会大大增加,这从公司利益的角度来讲也是不利的。因此,在核销指标中,除了核销金额外,还应考核核销个数。只有把这两个指标统一起来,才能平衡得失,将催收的效益做到最大化。

5.2.5 核销指标

5.2.5.1 核销率

核销率作为一个统计催收员业绩的指标,与广义上的核销率有很大区别。从广义上讲,作为部门指标,核销率指的是核销的未还本金与保有合同金额之比。而这里说到的核销率,则是指预核销阶段电话催收员手中账户的流失率。核销率可以按金额统计,也可以按个数统计。一般来说,按照金额统计为主。

5.2.5.2 核销个数/核销金额

核销个数和核销金额很容易理解。那么,为什么在统计核销率的同时,还要统计每位电话催收员核销的绝对数呢?由于催收部门考核的核销指标是按照绝对数衡量的,而不是按照比率衡量的,因此,对于电话催收员的个人业绩,也会把核销个数和核销金额的绝对数作为一个重要指标。正如以上"回款金额"部分提到的,在关注核销金额的同时,也不能忘记对核销个数的监控,以免预核销电话催收员直接放弃小金额账户。

5.2.6 核销后收回指标

核销后收回专员的指标与核销前电话催收员的指标有较大不同,少了处理量指标,因为对于核销后收回专员来说,指标更加以结果为导向,他们的工作自由度也更高,当然难度也绝不亚于核销前。因为核销后的客户往往已经经过多轮催收,所以到了核销后专员手中,要优先处理哪些客户,哪些客户的回款可能性更高,都是由核销后专员的经验和催收部门策略决定的。

5.2.6.1 回收金额

月度回收金额是考量核销后收回专员的最重要指标,一般这项指标是先有了部门的总指标规定,再根据部门指标,拆分细分至个人的。因此,这和核销后收回小组的人员配置和账户分配逻辑也有一定关联。例如,催收部门2015年全年的核销后收回指标是30%,那么,根据全年每月核销预算,推导得出每月预计的核销后收回金额，一般以这项金额作为核销后收回小组的总指标。然后根据小组的人员配置和案件分配规则，再具体将这项指标下发给每位核销后收回专员。除此以外，还可以将本公司的回收金额与外包公司做一定的比较分析，并结合行业标准，制定合理的回收金额指标。另外还要考虑外包商收回的情况，有些公司核销后收回专员还会兼管和外包商的对接业务，这样的话，将外包商收回比例全部剔除出核销后收回专员的业绩也是不太合理的。

5.2.6.2 回收时长

这里的回收时长与之前提到的回款时长类似，不同的是，回收时长一般有两种考核方式，一种是第一次回收距离核销的时间，另一种是结清距离核销的时间。一般使用第一次回收距离核销的时间作为核销后收回时长，对该指标的不足，将由结清比率来弥补。

5.2.6.3 结清比率

结清比率和成功率统计方式类似，指的是客户在核销后还款的金额，除以客户的某段时间的全部核销金额，包括核销本金和核销利息。至于核销后还款的金额中是否需要剔除催收成本，就仁者见仁，智者见智了。

对于催收来说，成功率、流失率和处理量是三个绕不开的指标，除此之外，我们还将PTP和接通率等加入考量，实际上，是在以结果为导向的基础上，把一部分重要的过程也列出来督促催收员们做好每一步，帮助他们意识到某些环节的重要性，从而促成更好的催收业绩。在成功率和流失率的统计上，笔者近期最大的收获就是cycle day 的运用。在管理者可以给出一个月的时间来知晓业绩结果的情况下，cycle day 的统计方式有效避免了由于月度统计而产生的催收员懈怠现象，迫使催收人员更好地利用好月初的时间，从而确保每个账户都有足够的催收时间和跟进频次。而由成功率引申而来的完全成功和部分成功，通过对完全成功率的重视，有望解决催收员可能存在的"养账户"问题。

指标的设定,需要配合适当的培训来协助每位催收员理解每一项指标。当我们把"催收业绩好"这句笼统的话拆分成一个个细小的百分比或金额,并且细化到每位员工身上时,实际上是在用与催收员最为利益相关的方式,来告诉他们如何达成管理者希望的目标,怎样才能将自身利益最大化,拿到更多奖金或提成。为此,催收员就必须把每一项指标做好,这样业绩自然就好了,管理者的目标也达到了。合理的指标设定,能使员工和企业达到双赢,这也是最高效的工作方式。

5.3 供应商绩效考核指标

5.3.1 呼叫中心

逾期 1~30 天的账户由于账户量非常大,并且催收难度较低,自愈率也较高,因此有些公司会选择将这部分账户外包出去。而有些公司会给客户 5 天宽限期,因此,呼叫中心的工作任务为逾期 6~30 天的账户。下面仅针对这种低逾期账户外包的情况,讨论其指标设定。

相对于内部人员的指标来说,供应商的指标设定对统计的时效性也有一定要求,因此,cycle day 之类需要一定表现周期或统计周期的指标,在供应商的业绩指标设定中不太适用。

5.3.1.1 月初账户流失率

假设公司给客户 5 天宽限期的设置,将月初第 1~6 天或 1~7 天在呼叫中心任务表中的账户作为月初账户流失率的统计目标,因为这部分账户理论上应该在当月流失或还款。以 2015 年 9 月 1 日~9 月 6 日的账户为例,9 月 1 日刚刚进入呼叫中心队列的账户,在 9 月 1 日当天逾期 6 天,那么,9 月 25 日当天逾期 30 天,在本月流失出队列。依此类推,9 月 6 日当天逾期 6 天的账户,在 9 月 30 日逾期 30 天,也在本月出队列。而 8 月 7 日逾期 6 天的账户,由于8月有31天,因此会在8月31日到达逾期30天,若当日扣款不成功,则会流出队列,进入后一阶段的催收人员手中。但是,若月初正好遇到长假或双休日,则需要顺延。总之,以本月底之前会流失到下一个队列为标准,来定义"月初账户"。

由于这部分账户的流失情况,将直接关系到逾期30+比率,因此,这部分账户的流失率可以说是我们最关心的。那么,在设定供应商指标时,建议将该指标的百分比设定在50%以上,以引起供应商的重视。

5.3.1.2 当月新增账户成功率

当月新增账户成功率的设定,主要有两个目的,一是迫使供应商在压缩本月流失的情况下,重视新进入催收队列,预计可能在下月流失的账户;二是避免供应商通过放任本月的新增账户,来加大下月初的账户量,以稀释月初账户流失率指标。

当月新增账户指的是,当月全部在呼叫中心的任务队列中的账户数,除掉月初账户以外的那部分逾期账户。截止到月底最后一天,这些账户中的累计成功率就是当月新增账户的成功率。

5.3.1.3 月末流失数控制

月末流失数的控制,主要是为了避免因呼叫中心月末最后几天的流失数量剧增,给当月催收业绩造成不良影响。以逾期30+比率为例,若月末最后一天,30+催收组将逾期30+数量已经控制在合理范围内,而呼叫中心的当日流失数量没有控制好,就会导致当月的逾期30+比率大幅上升。这种情况下的流失,下一阶段催收组根本来不及干涉,而是会在月底最后一天跑批完成后,自动进入逾期31+队列。这种情况,实际上是可以避免的。比如通过给呼叫中心施以一定压力,令他们重视最后几天的流失率,或是催收组提前接手这批账户,帮助呼叫中心减轻一部分压力。

因此我们可以说,月末流失数指标的设立,是为了让呼叫中心可以在月末最后几天加大催收力度,与下一阶段催收团队共同努力,为逾期 30 + 等业绩指标而加速冲刺。

5.3.2 上门催收

5.3.2.1 当月总体成功率(对结清期数有要求)

当月总体成功率是指该供应商当月全部任务中成功的个数。这里的成功,对结清期数是有一定要求的,各公司的统计口径也可能稍有不同。对于仅逾期一期的案件,还款一期就算作成功;而对于逾期两期以上的案件,有的公司还款两期即算作成功。例如,逾期三期的账户,在委托期内还款两期,即算作成功,而若仅还款一期,不认为其成功。

另一种统计方式是,用按期数为统计标准的解决率来替代以案件数量为统计标准的成功率。解决率,是指以期数为统计标准的成功率。例如,上门催收外包供应商 A 公司在 2015 年 3 月共接单 10 件,其中,每件案件未还期数都是 2 期,那么,总的案件期数就是 $10 \times 2 = 20$ 期。若截止到委托期末,这些案件中,有 8 个案件还款,其中 7 个案件还了 2 期,一个案件还了 1 期,共还款 15 期。那么按照期数统计,解决率为 $15/20 = 75\%$,而按照成功率统计,由于解决一期不算成功,那么只有 7 个案件符合成功标准,成功率为 70%。如果只要还款就算作成功,那么成功率则为 80%。笔者认为,解决率较成功率更为公平,统计起来十分简便,也比较有说服力。但是,它的缺点是,可能会使供应商不愿意接逾期期数在三期及以上的案件,因为这样的案件难度更大,而它的期数势必会稀释其解决率。这个问题可以通过按照委托金额给予一定激励佣金来解决。

5.3.2.2 按照委托金额的激励佣金

对于委托金额不同、委托期数不同的账户,应当区别对待。因为很明显,委托金额更大的案件,催收难度也更大,在催还金额更大的情况下,对于汽车金融公司而言,就能更大程度上减少其损失。

按照委托金额设置激励佣金时,可以将委托金额分为几段,如:委托金额低于1万元的,委托金额大于等于1万元小于1.5万元的,以及委托金额大于等于1.5万元的。这要根据逾期账户的分布或者以往派给供应商案件的分布来确定,各个公司的情况是不同的。分好段后,再根据委托期数和委托期内还款期数来确定每一个阶段的佣金(表5-7):

表5-7 委托期数和金额

单次任务还款金额低于1万元:					
	委托期限届满之日欠0期	委托期限届满之日欠1期	委托期限届满之日欠2期	委托期限届满之日欠3期	委托期限届满之日欠4期
委托起始日欠1期	300	0	0	0	0
委托起始日欠2期	400	0	0	0	0
委托起始日欠3期	450	400	0	0	0
委托起始日欠4期	500	450	400	0	0

上门催收无论成功与否,一般都会给出底金,同时,底金的高低也可以根据当月的成功率或是解决率分成不同档位。如果任务完成,再根据表5-7的例子追加激励佣金。

5.3.2.3 额外奖励

一般来说,提前结清案件和核销后收回结清案件会给予一定的额外奖励。因为这些案件的案值金额一般较大,而且催收难度也较高,特别是核销后收回案件,催收难度非常大,结清难度更大。额外奖励可以规定一定金额,或者提成,也可以两者相结合。在成本可控的范围内,最大限度地鼓励供应商提前结清逾期案件或者结清核销案件。

5.3.2.4 处罚性指标

(1) 劣质报告处罚。对于质量非常差的上门催收报告,要给予一定处罚,或者直接不予认定该任务完成,以迫使供应商提高员工的上门催收报告质量,约束他们更加认真负责地完成上门催收任务,或至少最大程度上调查客户情况,更新客户信息。

上门催收报告的主要内容包括:欠款人信息(如是否见到本人,联系方式有无更新)、相关联系人信息(如邻居、居委会、同事等提供的信息)、车辆情况以及上门催收任务完成情况(是否还款、有无还款承诺、实际还款期数,有无录音,有无照片)。在报告中,一般会留出一段空白让上门催收人员描述这个上门催收任务完成过程中遇到的情况。例如,上门催收人员可能在欠款人的房门上看到各种催缴水电费的通知书,那么,根据这一点可以基本断定,客户已经有一段时间不在这个地址居住。上门催收人员将这一点写入报告中,有助于我们判断这不是欠款人的常用住址,那么电话催收员可以根据这个信息,调整策略,在寻找欠款人目前住址的工作上多花一些精力。

(2) 时效性处罚。如果公司选择将上门催收作为电话催收的一种辅助手段,而不是某段逾期账户一定时间全外包式的管理,那么对上门催收就要特别讲求时效性,主要指的是报告回复的时效性,以利于公司内部电话催收员的后续跟进。如有的公司上门催收报告要求在派单后 7 天内递交。如果超过 7 天时间,则要根据具体情况扣除佣金,情节严重的则视为该任务未完成。

供应商管理是一门博大精深的学问,既涉及管理,也涉及谈判和数据统计。以上从数据统计的角度总结出一些基础指标,以期用数据来管理,为决策而服务。

下篇

法务催收

第六章

法务催收简介

6.1 法务催收与相关岗位的区别

6.1.1 法务催收的由来及定义

催收行业的前期发展更多侧重电话催收和现场催收手段,专业的法务催收(以下简称"法催")手段相比前者由于成本高、周期长、人员专业化要求高,故主要用于疑难复杂且债务余额较大的案件,并多委托专业律师事务所操作。

随着国内金融业竞争的加剧,在行业普遍高审批通过率的大环境下,对客户信用风险的控制能力已成为金融企业的核心竞争力之一,对作为信用风险后端控制的工具——催收工作的要求也越来越高。随着国内法制环境的不断完善,低成本、高效率地进行法务催收近年来成为催收行业的新关注点与需求点,各大金融公司在此背景下纷纷设置法务催收。

法催岗位,定位于依靠法律手段进行催收,帮助公司回收逾期应收账款,减少公司资产损失。其是应行业需求由催收和法务工作在精细化分工与融合之后的产物。法催与传统的公司催收、公司法务的定位既有共性又有差异。

6.1.2 法催与电催、现场催收的区别

设置法催职位的金融公司,贷后部门大都会配置电话催收和现场催收。作为金融公司资产风险防控的最后一道关卡,这三大

岗位相辅相成,合力维持着公司贷后资产的稳定。但三者的职业定位存在明显差异。表6-1注明了三大岗位的区别。

表6-1 催收岗区别

对比项目	法务催收	电话催收	现场催收
沟通对象	公检法、客户	客户	客户
工作职责	多样	单一	单一
法律技能	知法、懂法、用法	知法	知法
催收对象	所有逾期客户	早期逾期客户	中期逾期客户
催收方法	法律文书	电话	上门家访
催收技巧	高	高	高
催收优势	法律及国家权力震慑	高频率电话施压	上门现场施压
催收成本	中	低	高
催收时效	有延时	及时	及时
收款能力	净回款率中,跟踪客户量少	净回款率高,跟踪客户量多	净回款率中,跟踪客户量中
外出频率	中(出庭应诉)	低	高

6.1.3 法催与公司法务的区别

同为在金融公司从事法律工作,法催岗位与法务岗位在职位主要职责和能力需求上也有明显差别(表6-2)。

表6-2 法催岗位与法务岗位的区别

岗位	主要职责	催收法律事务处理能力	非催收法律事务处理能力	法律文书起草能力	法律知识	诉讼实务	谈判能力
法催岗位	催收相关	高	低	催收相关	侧重债权相关	高	高
法务岗位	公司法务相关	低	高	合规与合同相关	侧重公司法相关	低	低

以上"高""低"皆为对比值,并非绝对值。如法催岗位处理案件皆涉及逾期客户,故其催收法律事务处理能力相对较高;法务岗

位则须处理整个公司层面事宜,相比而言更具全面性,且在非催收法律事务方面更占优势。两者关系类似医院的专科医生与全科医生。

6.2 法催自身的特点和素质要求

现阶段较多金融公司对法催岗位的认知误区在于认为法催人员不用具备专业法律知识,而只需像普通电催员一样会打电话、会催收,再加上少许法律常识即可;又或者考虑由公司法务在处理公司法律事务之余兼做催收工作。殊不知若想在贷后环节发挥法律武器的巨大效能,对武器的具体操作者——法务催收人员的素质及能力要求也十分高,法催人员须身兼"文武"之能。

6.2.1 专业的法律知识及人文意识

6.2.1.1 负责贷后法务培训及法律文书拟定工作

在金融公司的法催岗位职责设定里,法催人员往往须负责部门内部法务培训。但与纯粹理论知识的法务培训不同,法催人员制作的培训材料更侧重展示业务部门在与逾期客户的交锋中实际面临的法律风险及其预防、应对方法。培训课程从选题、起草到最终定稿、演讲,无不需要法催人员专业的法律知识及娴熟的专业实践技能。

除了拟定常规的部门内部适用的操作手册及管理办法等规范性文件外,针对具体案件法催人员须负责起草向国家司法机关提供的诉状、答辩状、异议书、各类申报申请书,以及针对部门内部推行的创新项目,法催人员还须负责起草与合同相对方签订的各类招标书、委托书、合同协议等,这些专业法律文书的拟定同样需要过硬的法律知识支撑。

6.2.1.2 开拓或参与贷后催收相关的法律项目

除了负责常规的法律催收事宜,因法催人员具备法律法规、程序合规方面知识的优势,往往会开拓或优先参与公司运作中开展的与贷后相关的各式新项目。这些项目创新性、法律合规性要求高且在行业内鲜有尝试,若能成功推行可给公司贷后资产管理提供新的发展思路。

6.2.1.3　法催人员要"知人情、懂世故"

经历电催与现场催收"轮番轰炸"的逾期客户,往往已对常规催收手段产生了"免疫力"。作为贷后催收业务最后一道防线的法催人员,若想妥善"解决"此类客户就必须具备敏锐的觉察力,及时发现逾期客户的"软肋",以便对症下药。

法催人员在法催实践中本着"上兵伐谋,其次伐交"的原则,首先采取"人文关怀"的方法努力挖掘客户逾期的核心原因,寻求双方的共同利益点;其次发动担保人、近亲属,甚至法院法官与债务人沟通,努力帮助逾期客户解决自身困难进而促使其结清或转归正常客户,达成化干戈为玉帛、和谐共赢的结果;再次才是"伐兵攻城",即根据搜集的客户信息(身份特点、财产线索等),针对其"软肋"及时果断采取保全、诉讼、执行、失信、限高等法律措施,打到其"痛点",争取"以打促和"或直接取得回收效果。

6.2.2　强大的现场掌控能力

由于法催人员接触的往往是坏账风险大、疑难复杂且争议较大(如有车辆质量纠纷、贷款合同条款争议等)、冲突较为激烈的逾期账户,在与公检法或逾期客户的交涉中就需要做到有理有节,既不能激化矛盾,又不能让人觉得软弱可欺。这要求法催人员具备强大的现场承压能力、局面控制能力、谈判能力、突发事件即时应对能力及在危机中发现机会(扭转不利局面)的能力。如若不具备这些基本功,法催人员在与逾期客户或公检法人员沟通时便容易出现"秀才遇到兵,有理说不清"的局面。

6.3 法催相关法律依据

法催人员在日常工作中与逾期客户打交道时,最常用也最直接的依据为与贷款客户签订的合同,故熟练透彻地理解并掌握金融公司与客户签订的(或客户接受认可的)相关合同是一个合格法催人员最基本的执业素质。

以金融业务性质来划分汽车消费金融业务模式类型,则主要可分为消费贷款、信用卡分期、融资租赁三大类,三类对应的合同分别为汽车消费贷款合同、信用卡章程(服务协议)、汽车融资租赁合同等,且以上三类合同可能附随抵押、保证等担保合同。

下面通过分析上述三种常见业务模式所用合同中与法催工作相关的约定条款及其背后的法律法规规定,介绍汽车金融行业法催人员应掌握的相关金融法律知识。

6.3.1 汽车消费贷款类汽车消费金融

根据罗兰贝格和建元资本《2018中国汽车金融报告》数据,至2017年年末,我国新车金融渗透率(使用汽车金融产品销售的台数占总销量的比重)为39%,其中贷款类的产品为35%,占近9成新车金融市场份额。常见汽车金融贷款合同的通用条款大致包括贷款、保证、抵押三方面。涉及金融贷款的一些常规定义有常见贷款人、常见借款人、专门性法规、常见民事纠纷案由等。

常见贷款人:商业银行、城乡信用社及获准经营汽车贷款业务的非银行金融机构(如汽车金融公司、汽车财务公司等)。

常见借款人:自然人、汽车经销商、汽车经销商以外的法人或其他经济组织。

专门性法规:《汽车贷款管理办法》《贷款通则》《汽车金融公司管理办法》。

常见民事纠纷案由:金融借款合同纠纷。

6.3.1.1 贷款条款

实际工作中,汽车金融行业的法催人员常常要给逾期客户或法院法官计算并解释到一定截止日的准确欠款金额、欠款组成、计算依据、还款顺序等内容,故法催人员除具备相关法律知识外,还要掌握金融行业的业务知识。

(1) 合同中约定一年按 12 个月 360 天计算。一年按 12 个月 360 天计算是金融行业和会计行业的惯例做法。该知识点的用途为:根据合同中约定的年利率计算客户的月利率和日利率,即月利率 = 年利率 ÷ 12,日利率 = 年利率 ÷ 360。

其法律依据见 1965 年中国人民银行《关于储蓄存款利率调整后有关业务处理手续问题的通知》就计息规则做出的规定:日利率 = 年利率 ÷ 360。

(2) 合同中约定了还款顺序和罚息计算。合同中约定的还款顺序和罚息计算,用于明确逾期客户还款后的扣款顺序和罚息计算方法。

如合同约定逾期贷款的借款人通常按以下顺序还款:①罚息(包括逾期利息和复利等)和费用;②期前欠息;③期前欠本;④当期欠息;⑤当期欠本;⑥其他。罚息利率按贷款利率的 150% 计算。

根据合同约定,罚息计算方法是:罚息 = 逾期利息 + 复利;逾期利息 = 期前欠本 × 罚息利率;复利 = 期前欠息 × 罚息利率;罚息利率 = 贷款利息 × 150%。

其法律依据见《中国人民银行关于人民币贷款利率有关问题的通知》(银发〔2003〕251 号)中的规定,"人民币各项贷款(不含个人住房贷款)的计息和结息方式,由借贷双方协商确定","逾期贷款(借款人未按合同约定日期还款的借款)罚息利率由现行按日万分之二点一计收利息,改为在借款合同载明的贷款利率水平上加收 30%~50%","对不能按时支付的利息,按罚息利率计收复利"。

可见:① 150% 是借款人按合同约定用途使用借款的罚息利

率的上限;② 金融机构是可以针对逾期客户不能按时支付利息收取复利的。

(3) 借款购买车辆相关保险的相关约定。作为贷款抵押物的机动车会因交通事故、盗抢案件等原因出现价值贬损或灭失的风险,为保障抵押资产的安全,行业内普遍会在合同中对车辆的相关保险进行约定。

① 约定作为抵押物的贷款购买车辆,在贷款存续期间,必须投保不低于一定额度的车损、盗抢、第三者责任等保险,或者购买其他替代产品,以保障抵押车辆在出险后能获得保险理赔金用于修复车辆恢复抵押价值,或者以保险理赔金来偿还贷款。

② 约定贷款人为保险理赔的第一受益人,在保险理赔金额超过一定限额后,保险公司必须按照第一受益人(贷款人)的书面指示支付保险赔款。

其中条约②是条约①的保障条款,目的在于防范借款人可能存在的将保险赔款挪作他用并放弃修复车辆或拒付修车款的行为造成抵押权人(贷款人)就抵押物可优先受偿价值减少的不良影响。

相关法律依据:

《担保法》第五十八条规定,抵押权因抵押物灭失而消灭。因灭失所得的赔偿金,应当作为抵押财产。

《物权法》第一百七十四条规定,担保期间,担保财产毁损、灭失或者被征收等,担保物权人可以就获得的保险金、赔偿金或者补偿金等优先受偿。

(4) 借款人为自然人时,就其自身人身保险的相关约定。为防止作为借款人的自然人因意外或疾病身故而出现无人还款的情况,金融公司可在合同中约定:借款人同意(或授权)贷款人有权但无义务替借款人投保寿险或意健险,保险金额为贷款本金与贷款利息之和,同时在保单中约定贷款人为第一受益人,一旦上述情况出现,可用保险理赔金偿还贷款。

相关法律依据:

《中华人民共和国保险法》第三十一条规定,被保险人同意投保人为其订立合同的,视为投保人对被保险人具有保险利益。

《中华人民共和国保险法》第三十九条规定,人身保险的受益人由被保险人或者投保人指定。投保人指定受益人时须经被保险人同意。

(5) 共同借款人的连带责任约定。合同中一般约定:如涉及二人以上共同借款的,共同借款人中任何一人对合同项下的债务均承担连带清偿义务,贷款人就逾期贷款有权向任一借款人追索,并要求处理抵押物。

该类约定可用于避免借款人之间相互推诿,从而提高贷款人回收逾期贷款的可能。

值得注意的是,在贷款合同签署时为夫妻关系的主借人和共借人若在贷款存续期间解除了婚姻关系,双方签署的就贷款债务由一方偿还的协议约定或人民法院出具的涉及夫妻双方财产分割的判决书、裁定书、调解书对贷款人是无效的,贷款人仍有权向任一借款人追索,并可要求处理抵押物。

相关法律依据:

《民法总则》第一百七十八条规定,二人以上依法承担连带责任的,权利人有权请求部分或者全部连带责任人承担责任。连带责任人的责任份额根据各自责任大小确定;难以确定责任大小的,平均承担责任。实际承担责任超过自己责任份额的连带责任人,有权向其他连带责任人追偿。连带责任,由法律规定或者当事人约定。

《最高人民法院关于适用〈中华人民共和国婚姻法〉若干问题的解释(二)》第二十五条规定,当事人的离婚协议或者人民法院的判决书、裁定书、调解书已经对夫妻财产分割问题做出处理的,债权人仍有权就夫妻共同债务向男女双方主张权利。一方就共同债务承担连带清偿责任后,基于离婚协议或者人民法院的法律文书向另一方主张追偿的,人民法院应当支持。

6.3.1.2 保证条款

贷款人针对资信稍差的借款申请人,往往需要其提供保证人保证。

就保证人的保证责任,合同中一般约定保证人承担连带保证责任,且为不享有先诉抗辩权和"物保优于人保"抗辩权的独立保证责任,即只要"当借款人不按合同约定履行债务时,贷款人可以直接要求保证人履行债务或承担责任",而不以贷款人应先向借款人或其他担保人提出权利主张或以诉讼/仲裁/强制执行为前提,也不以先行处置抵押物为前提。

就保证人的保证担保的范围,合同中一般约定包含除本息外可能发生的各种费用,常包括但不限于合同项下的贷款本金、利息(正常利息、逾期利息、罚息和复利等)、逾期还款的各项费用、贷款人垫付保险费及利息、实现债权和抵押权的费用、因借款人违约而给贷款人造成的损失和其他所有应付款项等。

就保证人承担保证责任的期间,合同中一般约定为合同项下的主债务履行期届满之日起两年。法催人员在工作中应对该时效保持足够注意,及时起诉逾期借款人及保证人,避免保证人的保证责任失效。

6.3.1.3 抵押条款

《汽车贷款管理办法》第二十四条规定:贷款人发放汽车贷款,应要求借款人提供所购汽车抵押或其他有效担保。据此规定,行业内要求借款人将所购汽车进行抵押作为其借款担保的做法较为常见。并且为保证贷款人抵押权利的优先性,往往要求借款人就抵押权在车辆管理部门进行登记。

但在实际业务中,往往会出现签署贷款/抵押合同后没有进行抵押权登记的情况,此时抵押权人无法限制未登记抵押车辆的交易过户。一旦车辆过户,限于我国《物权法》第一百八十八条"交通工具抵押权未经登记,不得对抗善意第三人"的相关规定,贷款人很难再向第三人主张车辆的抵押权利,从而导致贷款资产损失的风险急剧加大。因此,各汽车金融机构均十分重视所购车辆的抵押管理,为提高抵押完成率,预防减少损失,常见的做法有:

(1) 作为放款的先行条件。经销商只有就贷款车辆完成以贷款人为抵押权人的抵押登记,并将机动车等级证书交付贷款人后,才能获得贷款人的放款。

在实际操作中,全国各地车辆管理部门办理抵押登记的要求与效率不尽相同,排期等候或城市限购政策使得抵押登记的办理周期普遍较长。将抵押作为放款的先行条件会导致放款滞后并严重影响经销商及时获得汽车贷款,故经销商很难接受该方式。

(2) 要求经销商就贷款承担阶段性保证责任。贷款人可与经销商约定由经销商就贷款承担阶段性保证责任。如此在车辆抵押登记相关工作完成前,贷款人即可给经销商放款。

所谓经销商对贷款承担阶段性保证责任,是指汽车经销商在自贷款合同签署之日开始,至车辆抵押登记办妥并且交付贷款人之日结束的期间内,为了保证客户(借款人)履行其在贷款合同项下的义务,经销商对贷款合同项下借款人的全部义务提供连带责任保证。如果借款人在相应的经销商阶段性保证期间之内未能履行其在贷款合同项下的任何义务,汽车金融公司(贷款人)可直接要求保证人(经销商)履行借款人在贷款合同项下的义务。

该种做法提高了放款的速度,保障了经销商的现金流,但对经销商就车辆抵押登记的业务管理提出了更高的要求。

6.3.1.4 相关违约及费用条款

为了促使借款人按合同约定及时足额偿还借款、正常履行合同,并维护合同的稳定性,减少因借款人违约造成的损失,贷款人往往会在格式合同中不惜笔墨地约定各种违约责任和费用条款,此类条款也是法务催收人员需要重点掌握并熟练运用的部分。

合同中对违约的定义往往并不局限于合同违约条款中规定的行为或事件,而是更为广泛,即"在本合同有效期内,借款人的任一违反本合同规定的行为均将构成一项违约事件"。

(1) 常见违约行为:① 逾期还款,此为借款人最常见的违约行为。② 提供虚假材料骗取贷款。根据合同约定及民事行为中的诚实信用原则,借款人应保证其提供的全部资料和陈述的真实、准确、完整和有效性,但在实际中很多资质欠佳的借款申请人,为满足金融机构的贷款审批条件,往往倾向"包装"自己——如提供虚假的高收入证明、房产证明等,以获得贷款审批通过,骗取贷款,其行为已构成违约,如其同时存在主观上以非法占有为目的,诈骗银行或者其他金融机构数额较大贷款的行为,则涉嫌构成贷款诈骗罪。③ 怠于配合办理车辆抵押登记。④ 不妥善使用维护抵押车辆。⑤ 怠于替抵押车辆缴纳各种税费、购置保险。⑥ 以各种方式允许他人控制占有抵押车辆。⑦ 让与、转让或以其他方式处置抵押车辆。⑧ 违反约定,在抵押车辆上设立或允许存在其他担保权益。⑨ 提前还款。

(2) 贷款人针对借款人的违约行为(事件)采取的常见措施:① 督促其限期纠正违约行为,提供新的担保或直接以合适的方式实现担保物权。② 宣布全部贷款提前到期。③ 按合同约定向借款人收取罚息、垫付的款项及其利息。④ 针对逾期情况,采取合适的措施进行催收,并按合同约定收取相关费用或违约金。⑤ 控制并处置贷款车辆,相关费用由借款人承担。⑥ 诉讼、执行等司法措施,相关费用由借款人承担。

6.3.1.5 其他条款

在该部分条款中,常就合同的生效、转让、变更、解除与终止、通知、适用法律与争议解决、法院管辖权等问题进行约定。

6.3.1.6 特别提示条款

汽车消费贷款合同属于格式合同,根据《合同法》及解释的要求,作为提供格式条款的贷款人应当采取合理的方式提请对方注意免除或者限制其责任的条款,否则易被认定由于没有尽到足够提示和说明义务而导致对方没有注意到此类条款,从而使对方具有申请法院撤销该格式条款的权利。此类条款必不可少。

6.3.2 信用卡分期类汽车消费金融

以信用卡分期获得融资购车的方式也很常见,具体方法为持卡人使用信用卡进行大额消费(购车)时,由发卡银行向商户(汽车经销商)一次性支付持卡人所购商品(或服务)的消费资金,并根据持卡人申请将消费资金分期通过持卡人信用卡账户扣收,持卡人按照每月入账金额进行偿还。

常见贷款人:商业银行等信用卡发卡机构。

常见借款人:多为自然人。

专门性法规:《商业银行信用卡业务监督管理办法》《银行卡业务管理办法》。

常见民事纠纷案由:信用卡纠纷。

信用卡分期获得融资购车时,贷款人与借款人须遵循信用卡及汽车分期申请时双方约定的相关信用卡业务规则和权利义务——一般包含领用合同(协议/申请)、信用卡章程、国家行业发卡机构的规定、重要提示、合同信息变更的通知方式、在购车信用卡分期时向发卡机构提交的申请登记表、签署的汽车专项分期合同、抵押担保合同等。

下面以《招商银行信用卡申请人申明条款》《招商银行信用卡(个人卡)通用领用合约》《招商银行信用卡收费标准》《招商银行信用卡章程(第八版)》《车购易分期购车专项分期付款合同》《汽车分期抵押合同》为例,通过对相关约定条款的分析来阐述法催人员就信用卡分期融资购车业务应掌握的相关知识点。

6.3.2.1 信用卡分期购车最大的特点是发卡行以收取分期手续费代替利息

相比银行和汽车金融机构的消费贷款购车,信用卡分期购车客户在正常还款情况下通常是没有利息的——即所谓的"零利率",但发卡机构一般要收取借款人的手续费(汽车经销商或汽车生产厂家根据车型促销情况,可能全部或部分补贴手续费)。如《招商银行信用卡收费标准》中规定"汽车分期单期手续费率为0%~0.55%";《招商银行信用卡账单分期条款及细则》《车购易分期购车专项分期付款合同》中规定:分期每期手续费=分期本金总额×对应期数的每期手续费率,每期最低为人民币5元,手续费一经收取,不予退还。

信用卡分期购车手续费的费率与期数相关,在无经销商或厂家补贴的情况下,12期手续费共计在3%~5%之间,一次性或按期缴纳。看似比银行汽车贷款利率(现行的普通银行汽车贷款利率一般是按照银行基准利率上浮10%,1年期贷款年利率一般在6.12%左右)便宜,其实将按期缴纳3%~5%的费率换算成常见的等额本息还款的贷款利率,则年利率为5.5%~9.2%,一次性缴纳手续费换算成的年利率则更高,故并无显著优惠。[①]

6.3.2.2 借款保障方式可单独为个人信用,也可并存抵押或保证等担保方式,针对逾期借款人的惩罚措施严厉

信用卡汽车分期属于消费信用分期,发卡机构主要依据个人信用度与财力进行审批,且以信用卡申领人个人财产为保障。针对信用记录及个人财力较好的客户,发卡机构往往采用单独以个人信用为借款保障的分期模式;对于资质稍差的客户则采用在所购车辆上设定抵押权或提供保证人为借款保障的分期模式。

较其他汽车消费金融模式,信用卡发卡机构针对违约的信用

---

① 详见易车网2011年2月1日《详细介绍信用卡分期购车的优点及缺点》。

卡申领人在相关条款上制定了十分严厉的违约责任。

（1）发卡机构按约定可直接划扣信用卡申领人在发卡机构的账户资产。如《招商银行信用卡（个人卡）通用领用合约》在第五条"其他约定"中规定，信用卡申领人若未依约还款或有违法违规、欺诈行为造成甲方（招商银行，下同）经济损失，招行可扣划其在招商银行辖下任一机构开立的账户内的资产以及处分相关信用卡项下抵质押物用于清偿甲方的经济损失，同时保留依照法律程序追究相关法律责任的权利。

（2）发卡机构可收取高额利息与复利（相当于汽车消费贷款中的罚息）。《招商银行信用卡（个人卡）通用领用合约》第三条"对账和缴款"中第3款规定：如信用卡申领人不能在到期还款日及时足额还款，则招行要自"记账日起按日利率万分之五（折算成年息达18%）计收利息至清偿日止"，并"按月计收复利"。

招商银行《信用卡账单分期条款及细则》第三条第4款规定：持卡人办理账单分期成功后，分期金额将从分期后最近一期账单起列入账单，每期手续费与每期分期金额同时入账，并计入最低还款额中。如办理成功后持卡人未按时全部偿还当期剩余账单金额，将视为未全额还款，则当期账单不享受消费交易的免息还款期待遇。

综上结合条款规定，逾期的信用卡分期购车客户，除缴纳原金额（本金+手续费）不变外，还须另行缴纳日利率万分之五的利息和"按月计收的复利"。

信用卡利息的计算方法：

利息=本金×万分之五（利率）×天数A（消费日期到本期还款日的天数）+本金已还金额×万分之五（利率）×天数B（本期还款日到下期账单日的天数）

所谓"按月计收复利"是指在账单周期结束时，利息会记入本金继续计息即复利计息。

即复利=转入本金的原利息×万分之五（利率）×天数。

(3) 发卡机构可收取高额滞纳金和超限费。招商银行《信用卡账单分期条款及细则》第三条第 8 款规定:信用卡申领人未于每月到期还款日(含)前还清当期最低还款额,除应支付循环信用利息外,还应支付滞纳金;《招商银行信用卡收费标准》中规定,滞纳金为最低还款额未还部分的百分之五(折算成年息达 60%),最低收取 RMB10 元或 USD1 元。

《招商银行信用卡章程(第八版)》中规定,"超限费"指当持卡人累计未还交易金额超过发卡机构为其核定的账户信用额度时,按规定应向发卡机构支付的费用。对超过账户信用额度部分,应按月支付 5% 超限费。

相关法律法规:

《银行卡业务管理办法》第二十二条发卡银行对贷记卡持卡人未偿还最低还款额和超信用额度用卡的行为,应当分别按最低还款额未还部分、超过信用额度部分的 5% 收取滞纳金和超限费。

第二十三条贷记卡透支按月记收复利,准贷记卡透支按月计收单利,透支利率为日利率万分之五,并根据中国人民银行的此项利率调整而调整。

(4) 发卡机构对违约人的其他惩罚措施。与汽车消费贷款类似,信用卡汽车分期逾期客户可能被发卡机构要求全额提前还款,并承担发卡机构采取催收或司法措施所花费的相关费用,签订抵押合同或保证合同的相关人相应承担抵押、保证责任。

目前信用卡汽车分期客户如出现较长时间的逾期,除要承担与汽车消费贷款相似的提前还款、催收费用、抵押、保证责任外,还可能要承担利息、复利、滞纳金和超限费,其金额随着时间的推移是几何级增长的,往往超过汽车信用贷款的罚息,这是对逾期客户更严厉的惩罚措施。

值得注意的是,2016 年 4 月 15 日中国人民银行发布的《中国人民银行关于信用卡业务有关事项的通知》中规定:2017 年 1 月 1

日起,将正式取消信用卡滞纳金,并禁止收取超限费,此举措势必会加强信用卡分期在汽车消费金融领域的竞争优势。

6.3.2.3 国家司法救济力度更大

信用卡信贷资产主要依赖持卡人的个人信用与财力,为避免信用卡成为不良信贷及金融欺诈的重灾区,维护信用卡领域的金融秩序,国家专门对此给予了更有力的司法救济措施。

例如,为依法惩治妨害信用卡管理犯罪活动,维护信用卡管理秩序和持卡人合法权益,我国《刑法》中专门规定了"妨害信用卡管理罪""窃取、收买、非法提供信用卡信息罪""信用卡诈骗罪"的相关条款,《最高人民法院、最高人民检察院关于办理妨害信用卡管理刑事案件具体应用法律若干问题的解释》的第六条相关规定:采用信用卡分期购车的持卡人如存在以非法占有为目的的恶意欠款,则可能构成信用卡诈骗罪,将承担刑事责任,视情节严重程度,判处五年以下有期徒刑或者拘役直至无期徒刑,并处罚金。

上述刑事法规极大地提高了对信用卡恶意拖欠行为的惩罚力度,对恶意拖欠人员具有极大的震慑力,尤其在近些年信用卡分期购车成为不法分子欺诈获利的"重点领域"的情形下,刑事手段可成为信用卡分期购车法务催收人员手中的利器。

6.3.3 汽车融资租赁类汽车消费金融

融资租赁是具有融资性质的一种租赁业务,据《合同法》第二百三十七条规定,出租人根据承租人对出卖人、租赁物的选择,向出卖人购买租赁物,提供给承租人使用的,即为融资租赁。

虽然目前汽车融资租赁在整个汽车消费金融市场中份额还较小,但由于汽车融资租赁的业务模式相对于汽车消费贷款和信用卡汽车分期类金融服务模式有其优势:就贷方(出租人)而言,在行政审批、行业监管方面较为宽松,行业准入门槛较低,并且具有准金融行业的性质特点,致使近年很多租赁公司、汽车经销商、汽车生产厂商纷纷积极投身该行业;就借方(承租人)而言,融资租赁有为消费者提供更低首付、更灵活月付方式、更全面融资需求覆盖(包括维修、保险等费用均可以划入分期支付范畴),以及财务记账和税收等方面的优势。以上因素导致汽车融资租赁模式随着近年中国汽车保有量、产销量及汽车金融服务[①]需求的逐年增长,获得了长足的发展,且潜力巨大。[②]

常见出租人(相当于贷款人):融资租赁公司、金融租赁公司、财务公司等。

常见承租人(相当于借款人):汽车经销商以外的法人或其他经济组织、自然人。

专门性法规:《金融租赁公司管理办法》《外商投资租赁业管理办法》《融资租赁企业监督管理办法》《最高人民法院关于审理融资租赁合同纠纷案件适用法律问题的解释》。

常见民事纠纷案由:融资租赁合同纠纷。

融资租赁有直租、转租、售后回租的模式,为了便于车辆上牌登记、使用维修、保险理赔,减少后续过户费用等原因,业内主要以售后回租的模式为主。[③] 下面以汇通信诚租赁有限公司(广汇租赁)和建元鼎铭国际融资租赁公司(建元资本)的汽车融资租赁合同(售后回租模式)为例,就汽车融资租赁相关知识进行介绍。

所谓售后回租是指出卖人和承租人是同一人的融资租赁。在汽车售后回租的融资租赁中,融资租赁公司以买受人的身份与作为出卖人的用户订立以出卖人汽车为标的物的买卖合同或所有权转让协议。同时,融资租赁公司又以出租人的身份同作为承租人的该用户订立融资租赁合同。用户购买了一辆汽车,把所有权转

---

① 《中国人民银行关于信用卡业务有关事项的通知》,新华网 2016 年 4 月 15 日,中国人民银行网站,http://www.sh.xinhuanet.com/2016-04/15/c135282505.htm。

② 《新兴汽车金融业务——汽车租赁》,德勤汽车行业服务组:《2014 中国汽车金融报告》。

③ 赵慧利:《直租的环境与回租的现实》,第一财经日报,2013 年 8 月 16 日。

让给融资租赁公司(一般是办理抵押登记,并不办理该机动车产权登记的过户手续),获得资金,同时融资租赁公司再把车辆租给客户占有使用,收取租金。实务操作中,用户在向经销商购买汽车时并不支付全部购车款,首付以外的款项(融资额)往往由融资租赁公司代为向经销商支付。①

6.3.3.1 汽车融资租赁的法律特点②

(1) 融资租赁合同中的租金具有特殊性。与汽车消费金融的其他模式相比,融资租赁出租方(贷款方)是以租金方式向特定承租人(借款方)收取全部融资本金并赚取利润,其租金是一种完全清偿性的租金,这是其与一般租赁的重要区别之处。

合同示范:《汇通信诚租赁有限公司汽车租赁合同(通用条款)》第二条(1) 租金以甲方(出租人,以下相同)购买租赁汽车的全部成本和甲方合理利润为计算基础。租赁汽车的全部成本包括但不限于租赁汽车的价款、保险、购置税、保险费、车船税、车辆装潢费、GPS相关费用、购买汽车的全部手续费、融资利息、银行费用和管理费用。

法律规定:《合同法》第二百四十三条,"融资租赁合同的租金,除当事人另有约定的以外,应当根据购买租赁物的大部分或者全部成本以及出租人的合理利润确定"。

(2) 融资租赁合同具有不可撤销性。融资租赁合同,一般都含有承租人不得中途解约的约定。这是指承租人将租赁物退还出租人的前提下结束双方之间的租赁合同,合同解除后,承租人无须继续支付租金。但提前还款属于加速支付,并不属于中途解约。一旦融资租赁合同成立,将无条件地支付给出租人既定的租金,但因出租人的过失致使标的物迟延交付或瑕疵交付而使承租人合同

---

① 老陆:《融资租赁——关于直租和回租的概念区分》,《汽车金融行业研究》,2014年10月31日。

② 参见张宇锋:《融资租赁实务指南》,法律出版社2008年版,第98页。

目的不能实现的除外。

合同示范:《汇通信诚租赁有限公司汽车租赁合同(通用条款)》第六条中约定,发生部分损毁至恢复租赁汽车原状的过程中,乙方(承租人,以下相同)仍应按合同规定向甲方继续支付租金。

法律规定:《合同法》第二百四十四条,"租赁物不符合约定或者不符合使用目的的,出租人不承担责任,但承租人依赖出租人的技能确定租赁物或者出租人干预选择租赁物的除外"。

(3)租赁车辆的所有权、占有使用权分属出租人和承租人。在融资租赁合同中,承租人的意图在于以支付租金为代价获得租赁期间内对租赁物的使用权,而出租人的意图则在于获得租金。故在整个租赁合同期间内,租赁车辆的所有权、占有使用权分别属于出租人和承租人。

而在汽车消费贷款或信用卡汽车分期的汽车消费金融模式中,所购汽车的所有权、占有使用权均属于借款人(同时为购车人),贷款人往往仅有抵押权,甚至连抵押权都没有(如无抵押的信用卡汽车分期)——这也是汽车融资租赁金融模式区别于其他汽车金融模式的一大特点,出租人对租赁车辆所有权的拥有是其维护金融资产安全的重大保障。

合同示范——《汇通信诚租赁有限公司汽车租赁合同(通用条款)》第三条:"乙方向甲方承租并使用该租赁车辆","甲方在支付乙方租赁汽车购车款后,即取得租赁车辆的所有权"。

法律规定:《合同法》第二百四十二条"出租人享有租赁物的所有权",第二百四十五条"出租人应当保证承租人对租赁物的占有和使用"。

(4)租赁期间届满租赁物的归属。出租人和承租人可在合同中约定,租赁期间届满时租赁物的归属可分为退还出租人、续租、承租人获得所有权三种情况。在汽车融资租赁行业内通常的做法是约定,如承租人完全履行合同,租赁期届满后,承租人只需支付极少的名义价格,即可获得租赁物的所有权。

合同示范:《建元资本融资租赁合同》约定,"5.2 租赁期届满,乙方结清全部应付款项后,可以按 300 元/辆的价款留购租赁物,因留购租赁物产生的税费由乙方承担"。

法律规定:《合同法》第二百四十九条,"当事人约定租赁期间届满租赁物归承租人所有,承租人已经支付大部分租金,但无力支付剩余租金,出租人因此解除合同收回租赁物的,收回的租赁物的价值超过承租人欠付的租金以及其他费用的,承租人可以要求部分返还"。第二百五十条,"出租人和承租人可以约定租赁期间届满租赁物的归属。对租赁物的归属没有约定或者约定不明确,依照本法第六十一条的规定仍不能确定的,租赁物的所有权归出租人"。

6.3.3.2 常见贷后信用风险控制方式

租赁期间汽车的所有权属于出租人,相对于汽车消费贷款和信用卡分期而言,出租人对租赁汽车拥有更多的管理权,致使其在贷后信用风险控制上有更多措施,常见措施如下:

(1)保留备用钥匙(合同期满后交还承租人),方便取回车辆。

(2)在租赁车辆上加装定位装置,随时监控车辆位置。

(3)在租赁物显著位置上做出标识,载明出租人所有权。

(4)融资租赁的公示。出租人对租赁物享有所有权,但在融资租赁期内,出租人放弃了对租赁物的占有权和使用权,特别是在售后回租中,车辆往往是登记在承租人名下的,仅在合同中约定所有权归出租人,这使得善意第三人往往将占有、使用车辆的承租人误认为是所有人,而在出租人不知情的情况下与承租人私自交易(如买卖租赁物、设置抵押物权等)从而损害出租人的权益。

按法律相关规定,出租人如未就租赁物进行公示则不能对抗善意第三人,因此与所有权相关的登记公示成为出租人控制风险、对抗善意第三人的重要途径。

我国法律根据动产的性质,采取了分别登记制。具体登记机

关包括:

运输工具登记部门。如《中华人民共和国民用航空器权利登记条例》规定,国务院民用航空主管部门主管民用航空器权利登记工作;《中华人民共和国船舶登记条例》规定,中华人民共和国港务监督机构是船舶登记主管机关;《中华人民共和国渔业船舶登记办法》规定,中华人民共和国渔政渔港监督管理局是渔业船舶登记的主管机关;《机动车登记规定》规定,机动车登记由公安机关交通管理部门负责实施。

工商行政管理部门。我国《担保法》规定,以企业设备和其他动产抵押的,登记部门为财产所在地的工商行政管理部门。为此,国家市场监督管理总局专门制定了《动产抵押登记办法》予以规范动产抵押登记。依据担保法上述规定和《动产抵押登记办法》,工商局仅为抵押登记机关而非物权登记机关。因出租人对普通动产的物权没有在法定的登记机关进行登记,故不能对抗善意第三人。

公证部门。我国《担保法》规定,以上述财产之外的其他财产抵押,自愿办理登记的,为抵押人所在地的公证部门。实务操作中,出租人并不会在公证部门登记融资租赁物物权,因为《担保法》的上述规定仍是针对抵押权而非所有权。

中国人民银行征信中心"融资租赁登记公示系统"(www. pbccrc.org.cn)。借鉴应收账款质押登记系统建设的经验,征信中心于2009年7月上线运行了融资租赁登记公示系统,可以登记公司租赁物上的权利状况。

原商务部的"全国融资租赁企业管理信息系统"(2018年4月主管单位变更为银保监会 http://leasing.mofcom.gov.cn)。[1] 值得

---

[1] 马蔚华:《关于建立完善我国融资租赁物权登记公示制度提案》,新浪财经,2013年3月4日,http://finance.sina.com.cn/money/bank/renwu/20130304/101614708754.shtml。
《商务部关于利用全国融资租赁企业管理信息系统进行租赁物登记查询等有关问题的公告》,商务部公告2014年第84号。

注意的是,征信中心的"融资租赁登记公示系统"与原商务部的"全国融资租赁企业管理信息系统"就融资租赁物权登记公示的效力在法律上是否能完全对抗善意第三人目前存在争议,其效力需要后续法律法规的支持。①

(5)要求承租人将车辆抵押给出租人,并办理抵押登记。此种方法可有效控制承租人私下将租赁车辆所有权进行转让,但该做法目前在法律界尚有争议。

(6)约定租赁汽车的占有、使用风险责任转移至承租人。合同示范:《建元资本融资租赁合同》约定,"4.4 乙方占有租赁物期间租赁物毁损、灭失的风险由乙方承担;4.5 乙方占有租赁物期间,租赁物造成第三人的人身伤害或者财产损害的,甲方不承担责任"。

法律规定:《合同法》第二百四十六条,"承租人占有租赁物期间,租赁物造成第三人的人身伤害或者财产损害的,出租人不承担责任"。

(7)在保险合同中约定出租人为第一受益人。这与汽车消费贷款中的保险条款约定类似,在此不做赘述。

(8)约定承租人妥善使用、保养、维修租赁物,并给租赁物缴纳税费、购买保险。

法律规定:《合同法》第二百四十七条,"承租人应当妥善保管、使用租赁物。承租人应当履行占有租赁物期间的维修义务"。

(9)租赁物不列入破产资产。

法律规定:《合同法》第二百四十二条,"出租人享有租赁物的所有权。承租人破产的,租赁物不属于破产财产"。

(10)要求承租人提前支付全部租金及其他应付款项或解除合同,回收租赁物。

---

① 雷继平:《售后回租标的物权属风险防范》,金杜说法微信平台,2015 年 3 月 5 日,http://www.acla.org.cn/html/lvshiwushi/20150305/20077.html。

法律规定:《合同法》第二百四十八条,"承租人应当按照约定支付租金。承租人经催告后在合理期限内仍不支付租金的,出租人可以要求支付全部租金;也可以解除合同,收回租赁物"。

除上述风险控制措施外,出租方可要求违约客户承担赔偿金、违约金、催收费用、租赁物逾期不还额占用费、诉讼律师费等。

6.3.3.3 有争议的相关法律问题

融资租赁特别是售后回租模式在法律上存在众多争议,下面拟从国家法律法规相关规定的变化,特别是《最高人民法院关于审理融资租赁合同纠纷案件若干问题的规定》(法发〔1996〕19号,已废止)(以下简称《规定》)到《关于审理融资租赁合同纠纷案件适用法律问题的解释》(法释〔2014〕3号)(以下简称《解释》)的变化,来阐明法律界就融资租赁相关争议法律问题的认知变化。

(1)售后回租车辆所有权约定的有效性。在售后回租模式的融资租赁合同中,租赁车辆往往是登记在承租人名下,出租人仅在合同中约定对租赁车辆拥有所有权,其约定是否有效呢?

在2007年10月1日《物权法》生效前,司法实践依照《道路交通安全法》第十二条关于"机动车所有权转移的应进行登记"的规定,将公安机关登记的所有权人作为确定机动车所有权人依据。对此,《物权法》第二十三条规定"动产物权的设立和转让,自交付时发生效力,但法律另有规定的除外";第二十四条规定"船舶、航空器和机动车等物权的设立、变更、转让和消灭,未经登记,不得对抗善意第三人";第二十七条规定"动产物权转让时,双方又约定由出让人继续占有该动产的,物权自该约定生效时发生效力"。可见《物权法》将机动车作为特殊动产,其物权的设立、变更、转让和消灭,自当事人之间订立的物权变动合同生效时即发生效力,而不以登记和交付作为物权变动的依据,而登记可产生对抗善意第三人的效力,即登记对抗主义原则。①

综上可知,售后回租融资租赁合同中就租赁汽车所有权归出租人所有的约定是合法有效的,出租人因合同生效而获得租赁车辆所有权。但因其登记人为承租人,在无其他公示措施的情况下,是不能对抗善意第三人取得租赁车辆相关物权的。

(2)售后回租融资租赁合同的有效性。司法界曾经否认售后回租融资租赁的合法性,实践中,售后回租业务也常被戏称为"类信贷"或"准信贷",最严重的时候,融资租赁公司也曾被认为是"影子银行"。以前法院在处理售后回租模式的融资租赁案件时,往往会依据《最高人民法院关于审理融资租赁合同纠纷案件若干问题的规定》(法发〔1996〕19号)中六(三)"以融资租赁合同形式规避国家有关法律、法规的"的规定,否认售后回租融资租赁合同的合法有效,将其认定为借贷关系。

上述情况,在《解释》中得到了纠正。《解释》第二条规定:"承租人将其自有物出卖给出租人,再通过融资租赁合同将租赁物从出租人处租回的,人民法院不应仅以承租人和出卖人系同一人为由认定不构成融资租赁法律关系。"该条规定明确肯定了售后回租这种交易模式的有效性,从而纠正了司法实践中将售后回租视为以合法形式掩盖的非法借贷、变相抵(质)押贷款、附让与担保机制的借贷等认识误区。②

(3)售后回租车辆抵押给出租人的合法有效性。因为售后回租融资租赁的出租人对租赁车辆享有所有权,其在租赁车辆上设

---

① 黄松有:《中华人民共和国〈物权法〉条文理解与适用》,人民法院出版社2007年版,第114页。

② 雷继平:《售后回租标的物权属风险防范》,2015年3月5日,http://www.acla.org.cn/html/lvshiwushi/20150305/20077.html;王明朗,李立:《深度解读最高人民法院〈关于审理融资租赁合同纠纷案件适用法律问题的解释〉》,http://www.glo.com.cn/content/details13620.html;《最高法融资租赁合同司法解释今起施行认可售后回租》中国广播网,2014年3月1日,http://china.cnr.cn/gdgg/201403/t20140301514963401.shtml78。

置抵押权的做法实质上就是将自己的东西再抵押给自己。虽有利于出租人对车辆的权利主张,但在法理上确是存在瑕疵的——由于我国《物权法》并不认可所有人抵押,故该抵押权的效力在法理上受到质疑。

但在实务中,这确实是出租人防范承租人信用风险的有效措施——用抵押权向第三人公示,以阻止承租人私下将承租车辆变卖过户或另行设置担保物权。目前,《解释》第九条关于第三人取得租赁物的所有权或者其他物权的例外情况:"(二)出租人授权承租人将租赁物抵押给出租人并在登记机关依法办理抵押权登记的"相关规定,对该做法在法律上予以认可,但其只能算作在目前国内缺乏统一融资租赁物权登记公示制度背景下,司法机关为应对实际需求的权宜之计和无奈之举[①]。

(4)取回违约承租人租赁车辆的合法性。《合同法》第二百四十八条规定:"承租人应当按照约定支付租金。承租人经催告后在合理期限内仍不支付租金的,出租人可以要求支付全部租金;也可以解除合同,收回租赁物。"各融资租赁出租人在其格式合同中一般也会有相关租赁物收回的约定条款,如《建元资本融资租赁合同》约定:"3.8 甲方有权依据本合同其他条款约定及法律、司法解释规定,在乙方违约时,解除合同,收回租赁物。乙方应自收到甲方解除合同通知书之日起 5 日内自担费用将租赁物返还至甲方指定地点。甲方收回租赁物如系上牌设备,乙方应当协助办理过户手续。甲方有权要求乙方将租赁物过户至第三人名下,乙方应予以配合";"12.2 乙方欠付租金达到一期或欠付其他款项达到 30 日,经甲方催告后在合理期限内仍不支付,甲方有权要求乙方支付全部租金及其他应付款项或解除合同,收回租赁物,支付赔偿金"。

---

① 《承租人在售后回租之后又在租赁物上设定其他负担的风险防范》,汽车金融俱乐部,2015 年 7 月 20 日,http://mp.weixin.qq.eom/s? biz = MzA3MjUwNjEzMg = = &mid = 296671335&idx = 1&sn = 03676dec9fec2f410d620c2547c593ca&scene = 5#rd。

但在司法领域,对出租人取回租赁物的限制却经历了由严格到宽松,由倾向保护承租人到倾向保护出租人的演变过程:

在《规定》第十一条,"在融资租赁合同有效期间内,出租人非法干预承租人对租赁物的正常使用或者擅自取回租赁物,而造成承租人损失的,出租人应承担赔偿责任"。该规定不问承租人是否违约在前,对"非法干预"及"擅自取回"的含义无界定也导致了法律上的不确定性。按上述规定,即使存在承租人逾期支付租金的情况,只要未经法院审理判决或强制执行,出租人自行取回租赁物即可视为"非法干预"及"擅自取回",从而须承担赔偿承租人损失的责任。这显然过分偏袒承租人,在司法资源有限的情况下导致出租人的合法权益无法获得保护。

而在《解释》第十七条中将上述规定限定为出租人"无正当理由、不当"的收回租赁物,或妨碍、干扰承租人对租赁物的占有、使用时才应承担赔偿承租人损失的法律责任。出租人如有合同上的依据,即可不被认为是"无正当理由"或"不当"。

相比 1996 年的《规定》,2013 年出台的《解释》就出租人对租赁物取回权的规定为出租人的权利保护提供了一定的保障。[①]

值得注意的是,在国家加大对非法催收打击力度的情况下,出租人应更加注意行使租赁物取回权操作流程的合法、合规与合约性。

---

① 王明朗,李立:《深度解读最高人民法院〈关于审理融资租赁合同纠纷案件适用法律问题的解释〉》,http://www.glo.com.cn/content/details13620.html。

第七章 法催行业现状及职业发展

7.1 法催架构同行业对比

7.1.1 法催人员隶属法务部门

法催人员属于法务部下属分支,系专门处理逾期客户相关法律事宜的法务人员。

代表公司——大众汽车金融。

特征:此模式下法务催收归法务部统筹管理,不归属业务部门(如零售金融业务部门)名下,独立或协助业务部门处理逾期客户相关法律纠纷事宜。

优点:因催收法务工作往往需要代表公司直接与外部沟通(如公检法、客户等),由法务部门直接领导可方便公司对相关法务业务的统一管理。

缺点:由于存在信息传递、业务处理的失真和滞后性,导致可能出现对业务部门的法律协助与支援缺乏针对性、滞后或不够给力。

7.1.2 法催人员隶属催收业务部门

法催人员行政上隶属催收业务部门(如零售金融部门的催收团队),与催收业务部门催收团队中的电话催收人员、现场催收人员并列,系采取法律手段催收并处理逾期客户相关法律事宜的专门人员。

代表公司——福特汽车金融有限公司。

特征：此模式下，法催人员行政上不归属法务部门管辖，其工作考核指标往往与业务部门（如零售金融部门的催收团队）一致，但在业务上要受法务部门指导。

优点：与催收业务部门紧密结合，战斗在第一线，能及时高效地给予催收业务部门专业的法律指导或支援。

缺点：由于行政上不受法务部门管理，但在业务上要受法务部门指导，不可避免地与法务部门存在职能上的交叉重叠。

业务部门的法务催收人员往往不能独立代表公司出具法律意见并付诸实施，就个案的相关法律意见及处理方案需要汇报法务部门并经其审查批准后，方能付诸实施。若法务部门相关审批程序时间过长、就棘手案件怕担责而推诿不出具体意见或针对个案的处理意见与业务部门相左时，会使得业务部门的法务催收人员无法针对个案迅速做出合理处置，甚至会因拖延而导致严重后果，如金融公司作为被告或被执行人的情况下。

7.1.3 法催人员隶属风险管理部门

有些金融公司的法催人员配置在信贷风险部门下与信贷风险政策和监控科室并列的催收、诉讼科室，主要负责日常诉讼案件、委外催收机构律所的管理，回收诉讼案件中的逾期贷款。

代表公司——广汽汇理汽车金融有限公司。

特征：采用此种模式的金融公司不在多数。

法催人员隶属的催收诉讼科室与同在风险部门下的风险监控科室及风险政策科室各司其职，一并负责信贷风险的处置、监控与政策制定，形成了信贷风险控制管理的闭环循环。法催人员同时具备法律政策上的知识优势和催收实践上的经验优势，更有利于对公司信贷风险政策的反馈和影响。

优点：有利于更高效地反馈业务中出现的新型信用风险，帮助金融公司迅速调整风险政策，形成信贷风险政策与逾期客户催收管理的良好互动。

缺点:与法催人员隶属催收业务部门相同。

7.2 法催职业发展

随着国家法制化建设进程的发展和金融行业核心风险控制竞争力的需要,在汽车金融行业,法催岗位经历了由无到有、由兼职到专职、由分散管理到集中管理的发展过程。在今后可预见的时间内,法催人员将在金融行业资产保全环节发挥越来越重要的作用,金融行业内部会越来越重视这一岗位,其岗位价值、职场地位也会随之提升。

具体而言,开业早期的金融公司资产保全部门更重视电催岗位和现场催收岗位(催收周期短、见效快)的建设,但随着金融公司业务的发展、逾期客户规模及催收难度的增加导致的各类法律纠纷的出现以及依法合规与财务核销的要求,法催岗位在资产保全环节的作用将越来越大,特别是在核销后客户管理及不良资产处置上,法催人员属于资产保全行业中的法律专业人士,自身具有更多法律合规方面的优势,使得法催人员在其职业发展上较一般电催或现场催收人员具备更大的潜力。确保专业人士所关注的通畅晋升渠道和行业发展前景是任何想管好、用好、避免专业人士流失的公司所应注意的问题。目前行业内很多公司没有意识到法务催收这一新兴岗位的特点,对其管理还处于与其他岗位(如电催岗位)类似的做法,导致有时会否定法催人员的专业性,进而影响其工作的积极性与职业定位的专注性。

7.2.1 法催人员公司内部晋升途径

7.2.1.1 法催人员的行政职务晋升渠道

对法催岗位可设定行政职务晋升渠道——如晋升途径可设置为法务助理→法务专员→高级法务专员→法务主管→法务经理

等,由专业岗逐渐向管理岗发展,能力需求也从单一的专业技能逐步过渡到同时要求具备管理技能。即行政晋升渠道要求法催人员除了掌握法律相关知识与实践经验外,还须具备领导力、分析力、谈判技巧和人际影响力等管理岗位素质。

7.2.1.2 法催人员的资历晋升渠道

除了上述常规发展途径外,法催岗位同时还可设置"专家通道"。"专家通道"适用于专业知识与实践经验累积到一定程度,因自身职业发展定位不愿或不适合做管理岗的人。对此类群体可专门开辟一条"专家通道",让他们得到晋升。专家通道的晋升侧重考察专业知识和实践能力。从低到高可设置助理、初级、中级、高级、专家岗,其待遇可分别对应行政级别中的助理、专员、高级专员、主管、经理等。

7.2.2 法催人员行业间发展前景

金融公司合格的法催人员,除须了解与汽车金融行业相关的法律法规外,还须对运营部门的运作模式有精准的了解。作为具备相应金融知识及丰富实践经验的复合型人才,法催人员的职业发展前景较为广阔。

具体而言,法催人员如取得司法职业资格,可向专职金融律师方向发展;如倾向做公司职员,可向行业内其他的金融公司、银行、融资租赁公司、小贷公司等资产保全、法务或风险岗方向发展。

第八章

法催工作职责的设定

8.1 对内搭建催收体系,健全催收管理制度

凭借法律专业严谨的职业素养,协助公司资产保全部门搭建催收体系及健全管理制度,是法催人员展现自身专业能力的重要途径,也是法催人员的一项重要职责,法催人员可以参与其中的制度流程、各类节点文件的设计、法律风险点的审核规避操作,并就相关问题出具法律咨询意见,如相关法律风险的揭示与提醒、规避与防范、隔离与转移等。

具体而言,在涉及逾期客户催收业务的金融公司内部流程完善中,如常规的费用减免申请、贷款结清解押等,也有特殊的如与抵押物相关的控制、赎回车辆或因无力赎车而进行的不良债权转让的法律相关工作等,都需要有法催人员参与。

8.1.1 减免申请

严格说来,费用减免申请可能发生在贷款买车至结清的全过程中,但法催人员参与制定的费用减免申请制度主要与逾期客户结清和赎车相关。

对逾期客户而言,大多会在逾期后一次性结清或赎车时向公司申请减免一定额度的费用作为结清或赎车的条件,公司会根据不同情况对逾期客户的减免申请进行批复。这就需要对逾期客户欠款金额的构成有一定了解。汽车金融公司的逾期客户,欠款金

额一般由本金、利息、罚息、控制车辆费、上门家访费、寄发各种信函产生的催收费用、诉讼产生的诉讼费及因提前还款产生的手续费和违约金组成。

在上述各项应还款项的减免申请流程设计中,法催人员可以就各项应还款项的减免顺序进行建议,对相关申请表格进行草拟,在实际业务中,法催人员可根据具体案件相关法律风险程度就减免力度提供建议。

各家公司在实际业务操作中可能就违约客户各项应还款项在减免顺序上存在差异,一般应遵循以下原则:

首先,应先减免可能发生争议且可能不完全被法律支持的部分,后减免无争议且能完全被法律支持的部分。

其次,应先减免没有实际发生的部分,后减免已经实际发生的部分。

具体而言,如催收费用优先(指因催收行为而产生的相关费用,多指除了本金、利息、罚息之外的其他费用,如上门家访费、催收函、律师函费等)减免,控制车辆费及罚息次之,利息和本金最末。这样安排减免顺序有利于减少贷款人损失,最大限度地维护贷款人的利益。

8.1.2 结清解押

正常客户的结清多由金融公司客服部门负责,但逾期客户,特别是核销后客户的结清解押程序往往需要资产保全催收部门处理,这也需要法催人员发挥相关作用。

逾期客户较正常客户而言,在结清解押中往往可能存在更多潜在法律纠纷或风险,需要法催人员对相关问题审核确认,以规避纠纷和风险,如贷款合同以外的第三代为还款、赎车、解押时,第三方身份适格性和授权完备性的审核确认工作,配合法院对被执行车辆的解押工作等都需要法催人员介入完成。

8.1.3 控制贷款抵押车辆

通常,汽车金融公司在与借款人签订的贷款合同中会有明确约定:如若贷款客户发生逾期,公司有权在无须当事人另行书面授权的情况下控制逾期客户的贷款抵押车辆。

金融公司自行或委托第三方控制逾期客户贷款车辆行为的合法性,目前在司法界仍有颇多争议。逾期客户若对金融公司委托第三方控制车辆的行为进行盗抢刑事报案,则需要法催人员积极与警方进行沟通协调,充分阐明金融公司控制逾期客户贷款车辆行为是依据合同做出,属经济纠纷范畴,并按警方要求提供相关法律证明文件,以避免警方将依约控制车辆的资产保全行为误作为犯罪行为来处置。如处理妥当,根据借贷双方签订合同中的明确约定,警方也多会定性为经济纠纷而不予立案处理。[1]

在金融公司引进外包拖车及车辆停放管理供应商,委托其对逾期客户进行催收、控制车辆时,法催人员可根据业务实际需要及相关法律风险点参与相关委托合同、授权文件的起草制定。其中值得注意的是,在委托权限中明确强调须通过合法途径和方式对抵押物进行控制及处置;被委托的公司除须保证一切行为合法之外,还须承诺如若违反法律规定或超越公司授权行为而产生的后果由其自行承担;并且提前对被委托公司及其主要成员进行合法的相关背景调查。

控制逾期客户抵押车辆后,金融公司应及时向借款人(兼抵押人)发出车辆控制通知函,告知车主在车辆被控后可以采取的解决办法——即限定期限内结清逾期款项取回车辆,或申请宽限时日结清款项。并须特别提醒借款人,如未按照要求偿还欠款,金融公司有权按抵押贷款合同相关约定处置抵押物,如对此不良债权向第三方进行不良债权转让(第三方不良债权转让流程后文会有详述)。

在逾期客户被控制车辆的停放保管过程中,可能出现盗抢、配

---

[1] 《公安部关于严禁越权干预经济纠纷的通知》(公通字〔1995〕13号)。

件拆换、损坏、灭失、违规使用、违章甚至发生事故等风险,而根据一般保险公司的免赔条款①,保险公司并不负责赔偿;对车辆有保管责任的场所往往也不肯轻易承担责任,所以签订规范的车辆保管协议显得尤其重要,是金融公司规避相关风险的重要法律措施。

直接参与处理保全催收工作的法催人员较公司其他法务人员对上述相关风险有更充分的了解,由其参与起草制定控制车辆的停放保管协议,能更好地做好风险防范。

控制车辆停放保管协议的拟定要点,除了要有保管时间、地点、停放条件、资费标准等保管合同的基本条款约定外,针对控制车辆的交接验收、监督管理、损失价值认定、损失赔偿责任承担、违约处罚等争议点及相应环节的控制及证据保存也须引起重视。

8.1.4 结清赎车

金融公司控制逾期客户抵押车辆后,逾期客户或其他利益相关方多会联系金融公司希望协商还款并归还车辆。客户本人结清并申请返还车辆的风险相对较小,在客户款项到账后能较快安排放车事宜。第三方赎车风险较大,手续也较为复杂。

这里指的第三方,是指汽车消费贷款抵押合同的相关人(包括金融公司、主借人、共借人、保证人)以外的其他个人或组织。

第三方赎车的风险有非合同相关人冒名赎车、冒领产证,以及由此引发的其他风险,故法催人员在构建第三方赎车制度流程时,应对相关风险进行防范,如需对第三方身份真实性进行审核,对合同相关人给第三方出具的授权材料或者赋予第三方还款赎车权利(如留置、抵押、质押等法定权利)的证明材料进行审核,并要求第三方出具自行承担相关责任的书面承诺等。

结清赎车须控制的风险为车内物品确认和车辆状况确认。

---

① 人民财产保险公司《"直通车"机动车保险条款》第十条被保险机动车的下列损失和费用,保险人不负责赔偿:(十)非全车遭盗窃,仅车上零部件或附属设备被盗窃或损坏;(十二)被保险人因民事、经济纠纷而导致被保险机动车被抢劫、抢夺。

客户付款后(甚至是付款前)、公司交车前,金融公司需要与客户就车内物品进行确认,并形成有法律效力的证据材料。如双方对车内物品存在争议,金融公司应先行督促拖车商或车辆保管商就车内物品进行核对、协商,争取与客户达成一致或和解,并形成双方确认的证据材料,然后才能放车,否则极易就车内物品发生法律纠纷。

为了防止双方在交车时或者交接后对车辆状况产生纠纷,法催人员还需要就车辆交接验车环节的风险防控措施进行规范,如要求在客户本人或委托第三人取车时,须明确表示对车辆里程数、车辆外观、内饰、性能等无异议,如存在争议,可参照车内物品争议的处理方式操作。

8.1.5　债权转让(连同已控制抵押车辆)

对长期逾期的不良债权进行债权转让,是金融公司实现逾期款项回收的方法之一。目前业内极少有对未控制抵押车辆的不良债权转让,即使偶有也多系以不良账目财务出表为目的的操作,并非真正意义上的不良资产转让。下面仅就业内常见的已控制抵押车辆的不良债权转让进行讨论。

对已控制的逾期客户的抵押车辆,如客户已签署过车辆处理授权书(授权抵押权人可转让车辆债权抵扣债务),金融公司会针对客户无能力或无意愿赎车,客户失去联系、下落不明等导致无法完全实现公司债权的贷款车辆进行不良债权转让。从法律性质来看,是"债权转让+抵押权转让"的模式,即金融公司将主权利债权转让给第三方,此时作为从权利的抵押权也跟随着一并转让。受让方可获得向客户主张债权及占有抵押车辆的权利,后期可以向逾期客户主张欠款金额以获得差额收益。

在此操作过程中,应注意合规性操作,避免出现暗箱操作或串标等情况发生,以保证金融公司的不良债权获得最大价值的变现,维护金融公司和逾期客户的合法权益。

8.2 对外法催

法催人员对逾期客户的法律催收是该岗位的一项重要工作职责,法催是整个催收架构中的重要组成部分,特别是针对 M3~M4 的高逾期客户,费效比较好。就方法而言,法催人员在催收工作中主要是通过诉讼、执行、电话、各类法律催收函件,以及债权申报等手段回收账款。

8.2.1 诉讼、保全、执行

金融公司作为原告的诉讼执行工作主要针对贷款逾期客户,但并不仅限于此,也可能针对违约的经销店、服务商、保险公司采用诉讼、执行的方式来回收金融公司应收账款。

下面仅就其容易产生效果的环节及时机进行介绍,以便金融公司法催人员及时跟进,增加回款概率。

首先,通过诉讼执行产生效果的前提是法院的相关法律措施能被相关人(包括但不限于借款人、保证人本人)有效知悉,如果是完全失联客户(本人、亲属及朋友均失联),因其无法有效获悉相关情况,诉讼与执行将很难产生效果,故事前按是否可联来筛选逾期客户进行诉讼与执行是对诉讼执行效果的重要保证。其次,时机也很重要,比如在国人传统的重大节日前采取相关措施,效果会更好。有些已上失信被执行人名单而不能购买飞机票和高铁票的客户,为了方便回家过年会主动还款,有些逾期客户为了节日回乡团聚时不被乡亲耻笑也会主动还款(不还款或无法达成和解,法院判决书将邮递到户籍地而被亲属知悉欠债被诉的情况)。

(1)传票发出至开庭时。当逾期客户收到法院传票时,往往会有较强的震慑效果,个别客户会联系金融公司或法院全额还款或提出分期方案,以换取撤诉或和解,此时如法催人员主动联系被诉客户,往往会取得较好的回收欠款效果。

（2）判决书出具送达时。当收到败诉的法院判决书后，部分逾期客户也会产生较强的畏惧心理而还款。据此，在判决书出具后，法催人员应尽可能联系逾期客户并通过各种方式让其获得判决书，以便产生回款效果。

（3）接到强制执行法院通知时。被判决败诉后仍然不还款的逾期客户在接到法院的强制执行通知时，会意识到金融公司已经动真格了，如果其有能力且具有相关法律意识（清楚拒不履行判决的后果），往往会倾向还款。

（4）随着近年技术手段的进步和执行力度的加强，法院对被执行人的强制手段更加有效和丰富，如法官可以直接在办公室中通过互联网查询并冻结、划扣被执行人名下银行账户中的款项、证券账户中的股票、名下车辆等财产，并会依法将拒不履行生效法律判决的客户列为失信被执行人名单，限制其各类高消费的资格。

那些接到法院的强制执行通知后还心存侥幸而继续拖延还款的逾期客户，一旦发现自己的账户被冻结、划扣，或发现自己已经上了失信被执行人黑名单而被限制进行各类高消费后，如其有能力，往往会偿还逾期款项。[①]

需要注意的是，法催人员在申请执行立案后，不能消极等待，应不断地督促、配合执行法官密切监控被执行人动态（如周期性的通过执行网络查询被执行人信息），并与包括其他催收团队在内的各方相互合作，积极发现被执行人新财产线索，以争取更多执行回收。

8.2.2 债权申报

向司法机关进行债权申报是法催人员在进行不良贷款回收时，除诉讼、保全、执行之外的另一项重要手段，其回款效果与执行

---

① 《最高人民法院关于公布失信被执行人名单信息的若干规定》《最高人民法院关于限制被执行人高消费的若干规定》。

相当,甚至在执行申请量没达到一定数量时,其表现要优于执行回款,故应给予充分重视。

债权申报系法催人员通过各种方法和渠道在获悉贷款抵押车辆涉案后(系指除金融公司起诉逾期客户以外的案件),及时与负责该案的公检法司法机关取得联系,向司法机关主张贷款抵押车辆的抵押权,并就车辆变现所得价款主张优先受偿权,即优先用于偿还拖欠金融公司的未还款项。

8.2.2.1 债权申报信息主要来源

(1)通过前期电催、现场收集反馈的涉案信息中获得;

(2)在法催的电催工作中获得;

(3)通过查询法院全国被执行人信息获得[①];

(4)通过查询司法拍卖标的物获得,如淘宝网上的司法拍卖;

(5)通过司法机关主动联系抵押权人(查询贷款余额,要求协助解押)时获得。

8.2.2.2 债权申报需要的常见材料

(1)债权申报书及欠款清单;

(2)法院与逾期客户就欠款的生效判决书(调解书)及生效证明(如有);

(3)贷款合同、抵押登记证;

(4)金融公司经办人员的授权材料。

8.2.2.3 债权申报的类型

(1)民事案件。常见为民事执行案件,即客户因拖欠他人债务被法院强制执行而查封、扣押、变现抵押车辆,金融公司法催人员主要沟通的对象为法院执行局案件承办法官。

民事案件中的债权申报相对容易,一般都能就车辆变现所得价款实现优先受偿权。其难点在于,部分地区的法院只有在金融

---

① 官网地址:http://zhixing.court.gov.cn/search/。

公司拿到判决书(调解书)及其生效证明后才能认可金融公司的优先受偿权,或者考虑"社会效果"要金融公司在优先受偿权份额内承担相关费用及适当分配给其他债权人。

(2)刑事案件。多系贷款抵押车辆在刑事案件中被涉嫌或已经被认定为赃物、作案工具等,而被公检法机关查封、扣押、罚没。随着案件的进展,金融公司法催人员沟通的对象可能涉及公检法的案件承办人员。

刑事案件中的债权申报相对于民事案件就难得多了,需要法催人员积极调动各方力量(客户、辩护律师)和资源,来实现金融公司的优先受偿权。

8.2.3 电催

法催人员的电催工作与电催人员类似,都是通过电话联系违约逾期客户,就应收账款进行电话催收。但法催人员在电话沟通中会运用更多专业法律话语来督促客户还款,并会结合诉讼、保全、执行等法律措施的进程选择合适时机来向客户施压,其较一般电催通话数量及通话时间可能较少,但对相同的 M3~M4 逾期客户而言,效果会较明显。

8.2.4 函催

在客户发生违约事件后,催收人员会视情况给客户发函进行辅助催收。函件类型常见有催收通知函、通牒函、律师函、逾期客户保证承诺书、控制车辆通知书、车内物品确认函、车辆处理授权书、债权转让通知函等。因函件内容多涉及法律规定和贷款抵押合同约定,故往往需要由法催人员根据公司业务实际需要来起草修改,并就其使用对催收人员进行培训,后续还要就函件使用情况进行统一管理登记,对使用效果进行统计分析。

最后,法催团队应注意与其他催收团队相互协作,以取得更好的总回收效果。

8.3 相关外部法律事务处理

法催人员对外除了进行催收工作外,还常常需要处理部门对外法律事务。常见法律事务以对象分类如下:

8.3.1 针对合作方的法律事务

针对合作经销店,主要有其应尽义务的提醒督促、其与客户相关法律纠纷的咨询服务等工作。

针对催收外包商,主要有依法合规催收的指导、证明材料的提供、协助解决纠纷等工作。

针对保险公司,主要是关于保险理赔纠纷相关问题的沟通处理工作。

8.3.2 针对国家权力机关的法律事务

针对公安局,主要是就控制逾期客户贷款抵押车辆向公安机关备案、进行情况说明及提供证据,以避免成为刑事立案;就其他刑事案件提供贷款抵押相关证明。

针对车管所,主要系解决抵押登记和解押中出现的法律纠纷的相关工作。

针对检察院、法院,主要系提供贷款余额、抵押、解押、结清等各类证明。

8.4 业务纠纷处置

汽车金融公司在日常经营中,相关方难免发生各种法律纠纷,这些法律纠纷的处理往往需要法催人员主办、协办或提供法律意见。下面以常见纠纷内容和表现形式两个维度来对相关法律纠纷进行介绍,并分析纠纷成因、法律关系及应对措施。

8.4.1 常见纠纷的内容

8.4.1.1 与客户纠纷

8.4.1.1.1 客户否认贷款买车

具体情况分为以下两种：

(1) 客户否认车辆自用,系代他人贷款买车,即常说的代购。因实际用车人信用记录不良,无法通过信贷审批,故往往请信用记录良好的亲朋好友代为申请贷款,此种情况在汽车消费贷款中较为常见。名义贷款客户提供的资料往往系真实资料,也为本人签字,但由于自己没有使用车辆,在实际用车人出现逾期,催收人员联系到名义贷款客户时,其往往拒绝还款并披露上述真实情况。

鉴于客户是属于有完全民事行为能力的成年人,其行为属于隐瞒相关真实情况,以欺骗的方式与贷款人签订合同,并骗取贷款,在法律上,其无权利申请撤销合同或主张合同无效,故对此类情况,建议贷款人按如下原则处理:①建议贷款人继续主张贷款合同有效,客户依然有义务偿还贷款;②鉴于客户往往与实际用车人熟悉并保持联系,劝说客户积极维护自身利益,帮助贷款人向实际用款人催款;③在条件合适时,与客户和实际用车人一起签订补充协议,将实际用车人纳入共同借款人(或保证人)中,承担连带责任,增加债权的保障;④以上方法往往需要在电催、现场、诉讼、执行等催收措施的施压下达成。

[案例]

黑龙江省绥化市肖某,替其妻家亲戚王某代购汽车,实际用车人王某后又将车辆抵给第三方,客户可联,但相互推诿,无人还款,出现逾期并内部核销。公司采取了诉讼执行方式来处理该案。在法院的执行压力下,客户认识到了履行债务的必要性,由其联系并督促王某母亲赵某偿还了部分债务。对车辆加装定位器后,将剩余债务进行重组。在原贷款抵押合同中肖某作为借款人身份不变的同时,赵某以保证人的身份和肖某一起与贷款人签订补充协议,以等额本息的方式按月分18期还款,此后,保证人赵某已按补充协议分期全额结清欠款。

(2)客户否认贷款买车,没有在合同上签字。一种为客户身份被冒用,确实不知贷款事宜,也未在贷款合同上签字;另一种为客户实际上知道贷款事宜,往往主动提供证明资料配合办理贷款,只是最终未在合同上签字。

第一类案件,其中往往有汽车经销店的配合,在被冒用身份的客户不知情的情况下申请并办理贷款,被冒用身份的客户知情后往往较为重视并急于解决。

该类案件,由于被冒用身份的客户急于解决问题,往往较为配合,贷款人应积极与其合作,争取其信任,以便充分了解情况,掌握证据,与其一起向经销店及实际贷款购车人施压追债,以维护权益。

[案例]

山西省襄汾县客户李某在接到贷款人按身份证登记住址邮递的相关函件后,通过客服电话反馈其没有办理过汽车贷款,对相关事情完全不知情,认为有人冒用其身份贷款,要求贷款人给予解释并解决问题。

公司从贷款材料入手,分析判断冒用其身份贷款的实际借款人员身份及操作手法,在与其沟通并取得信任后,得知在2013年客户李某离京回老家前曾将自己的一辆北京牌照的微型车连同牌照一起卖给朋友邵某,因北京牌照不能过户,邵某一直以李某的名义占有并使用该车。为方便邵某办理保险理赔等事宜,李某将身份证原件交给了邵某使用,自己又在老家重新办理了新的身份证。因贷款合同上共借人确为邵某,故初步认定邵某即为冒用其身份的人。于是,公司立即跟共借人邵某取得联系,向其列明证据,讲述骗贷的严重法律后果,建议其尽快采取补救措施,避免事态恶化。在攻心战术下,共借人邵某承认为了达到贷款购置新车,并继续使用原北京牌照额度的目的,找了一位与李某相貌相似的人假冒李某一同申请并骗得了汽车贷款。最终,在笔者的建议下,邵某提前结清了借款人的贷款并承担了相关违约金,且就该问题与李某达成了和解。

第二类案件,客户本人知道贷款买车一事,往往较为主动地配合实际用车人提供贷款申请所需要的资料,但为了逃避还款义务及其他相关法律责任,往往与经销店串通或利用经销店人员的疏漏没有在贷款合同上签字,贷款合同上的签字为他人代签。

此类案件合同上"挂名"的客户本人往往主张合同上不是本人签字而拒绝承担责任,但又拒绝配合金融公司查找并追究实际用车人,经销店也往往不够配合,故较难处理。此类案件的一般处理原则是:① 向认可或没有否认合同上签字为本人签字的主借人、共借人或保证人追究合同违约责任;② 根据已签字人与主张未签字人的身份关系(如夫妻、家庭成员等),以主张贷款系共同债务的方式向未签字者主张债务;③ 挖掘幕后真正的贷款人或用车人,尽快寻找保全贷款抵押车辆;④ 根据与经销店签订的相关合同,追究经销店的法律责任。

[案例]

因河南省安阳市借款人孙某、共同借款人郝某、保证人张某拖欠金融公司借款,金融公司将其起诉至法院,法院缺席判决后,孙某上诉,声称合同上签字非本人所写,该车系共借人郝某叔叔所购,主张与其无关,其已与郝某离婚,并提供相应证据。

处理结果:二审中与孙某达成和解协议,放弃追究孙某债务责任,重点放在追究郝某、张某、经销店的责任及保全车辆上。

8.4.1.1.2 客户不认可合同条款

客户对合同内容方面常见的异议多出现在贷款利率、违约惩罚条款、保险第一受益人条款、管辖条款等方面。

(1) 贷款利率条款异议。客户在签订合同后认为贷款合同上的利率偏高,向金融公司或经销店主张变更合同利率或补偿损失,此种情况可能系经销店或其代办机构向客户介绍贷款业务时虚假承诺或沟通不充分引起客户误解所致。针对此类案件的处理原则为:① 坚持合同已成立生效,相关利率条款具备法律效力;② 与客户、经销店充分沟通,在相关促销优惠范围内给予客户适当优惠,力争和谐解决;③ 建议客户提前结清贷款,可给予提前还款违约金免除的优惠;④ 如以上方式均无法解决,可以诉讼方式维护权益。

[案例]

江西省会昌县客户陈某至会昌县人民法院起诉二网经销店、经销店及金融公司,诉称在其汽车贷款过程中存在虚假承诺低贷款利率(月息 6.09%。合计年息 7.308%),而实际年利率为 13.50%,造成其损失,要求三被告赔偿其利息损失及诉讼费用,并提供经销商利率承诺的相关证据(QQ 聊天记录截屏)。

金融公司向法院出示《汽车消费贷款合同》原件,主张《贷款合同》签订时确定贷款年利率为 13.5%,且客户陈某在签订该合同时已明确知道该年利率,但其依然签字,故应认为客户陈某认可并接受金融公司确定的 13.5% 的利率。且该利率在人民银行规定的贷款利率上限之内,应受法律保护。据此金融公司在一审、二审中均胜诉。在此情况下,客户提前还款,金融公司将客户提前还款违约金给予减免。

（2）违约惩罚条款纠纷。贷款客户在合同存续期间出现各种违约，金融公司根据抵押贷款合同向客户主张违约责任，要求客户承担相关违约金或手续费时，客户往往提出异议，常见存在异议的违约条款有提前还款违约条款、车辆控制条款等。

① 提前还款违约金或费用条款纠纷。在我国，针对提前还贷的客户收取违约金或手续费往往系金融行业的惯例，但此条款往往被不熟悉金融业的人视为霸王条款，遭受众多借款人的非议，常因此引发纠纷，但从专业人员的视角来看，该条款确有存在的必要。[1]

针对提前还贷的客户收取违约金或手续费引发的异议甚至诉讼，金融公司的法务的人员可从以下几点进行解释或答辩：

在事实方面，应主张提前还款在实际上给金融公司造成了损失。

首先，会直接减少金融公司的贷款利息收入，金融公司在贷款客户的开发、客户征信审批、贷款合同的签订、抵押放款、贷后管理等各个环节中均需诸多投入，特别是前期投入占了大部分，如客户提前还款，根据法律规定与合同约定，金融公司须对提前还款日以后的利息进行减免，导致利息收入减少，甚至不能覆盖金融公司前期付出的成本。

其次，会增加金融公司的服务成本，金融公司往往需要根据借款人提前还款的情况，对相关还款金额进行人工测算，并同时需要办理相关合同文件重新确认和签订，耗费了大量人力，增加了经营成本，而对提前收回的资金再投资，也会增加交易成本。

再次，提前还款的客户多属优质客户，优质客户提前还款，会使金融企业存量贷款中不良贷款的比率相对升高，加大了企业的

---

[1] 施锡铨，张淼：《我国住房抵押贷款提前还款的博弈分析》，《财经研究》，2002年第10期。

坏账损失。

在法律方面,可依据《合同法》主张金融公司与贷款客户所签贷款合同中的提前还款条款是当事人真实意思表示,内容不违背法律、行政法规强制性的规定,应属合法有效,双方应当按照约定全面履行各自的义务;且该条款并不属于"霸王条款",所谓的霸王条款通常的定义为逃避自身法定义务、减免自身责任、加重对方责任、排除对方主要权利的约定。双方在签订贷款合同时关于提前还款费的约定,是基于贷款客户单方面提前终止贷款合同的违约行为,其应付出对价,这符合格式条款提供方公平合理分配双方权利义务的法律规定。该条款的约定既不存在排除或者限制贷款客户作为消费者的权利,也不存在免除金融公司单方面法定义务、减免自身责任的情形,更不存在加重贷款客户合同义务情形。

[案例]

2007年8月21日,原告朱某、被告某股份制银行签订了《个人住房(一手房)抵押借款合同》,约定贷款期限至2024年8月21日。2008年10月,在得到被告同意后,原告于当月17日提前归还部分贷款479 361.22元,嗣后,原告核对单据时发现被告多收取一笔违约金14 214元,经多次交涉未果,诉至上海市卢湾区人民法院,要求判令被告返还多收违约金及其所产生的利息。在上海市卢湾区人民法院民事判决书(2009)卢民二(商)初字第379号中认为:原告与被告签订的借款抵押合同系双方当事人的真实意思表示,依法成立有效,对当事人具有法律约束力。原告申请提前归还部分贷款,应按合同约定对未满固定利率执行期的,被告可按提前还款额以提前还款日的贷款利率收取六个月利息作为补偿金。庭审中原告也确认在签订合同时就已注意到该条款的约定,合同履行一年多来,原告也未对该条款提出任何异议,因此,被告收取原告提前还款违约赔偿金,完全是依据双方签订抵押借款合同的约定,驳回原告朱某的诉讼请求。①

② 客户违约车辆控制条款纠纷。汽车金融公司为了防范借款人在发生逾期违约后恶意转移或隐匿抵押车辆,顺利实现抵押权,往往会在抵押贷款合同中约定:当客户出现逾期等违约时,汽车金融公司有权控制抵押车辆。如某汽车金融有限公司在《汽车消费抵押贷款合同》中约定:"发生违约事件时,贷款人有权为偿还贷款及本合同项下其他款项之目的控制贷款车辆。借款人有义务配合,并将贷款车辆(包括相关备件、车辆合格证、车辆购置税完税凭证、全套钥匙及所有其他相关物品和材料)交付给贷款人。如果借款人拒绝配合,贷款人可以使用任何其他合法的方式控制车辆。贷款人控制贷款车辆所发生的费用,由借款人承担","借款人同意一旦贷款人根据本合同有权控制和处置车辆,贷款人无须另行得到借款人的授权即可控制和处置车辆"。

汽车金融公司如通过诉讼执行途径保全车辆,往往存在受理难、效率低、周期长、成功少的情况,因此,金融公司更倾向于按合同约定采取自行或委托第三方的方式控制贷款车辆,故极易引发相关纠纷,如对控制车辆行为异议的纠纷,继发的被控制车辆贬值纠纷,被控制车辆车内物品纠纷,等等。

在上述纠纷起始阶段,金融公司即应充分重视,应尽快与客户妥善协商解决纠纷,必要时可适当给出一定的优惠减免措施,争取客户(包括委托第三方)确认并受领车内物品、还款赎车,或签订相关文书授权金融公司控制并处置抵押车辆;或者尽早向法院申请保全措施,查封扣押车辆,变自力救济为公力救济。

如上述纠纷无法通过协商解决,贷款客户往往采取诉讼方式

---

① 上海市卢湾区人民法院民事判决书(2009)卢民二(商)初字第379号,上海高级人民法院网 http://www.hshfy.sh.cn/shfy/gweb/flws _ view.jsp? pa = adGFoPaOoMjAwOaOpwqzD8bb + KMnMKbP119a12jM3ObrFJndzeGg9MQPdcssPdcssz。

起诉金融公司,由于各地法院对此类纠纷的处理意见并不一致,故金融公司应谨慎对待,积极应诉。下面对相关纠纷的诉讼应对措施进行简要介绍:

① 对控制车辆异议纠纷的诉讼应对措施。贷款客户往往在车辆被控制地或自身所在地起诉金融公司要求返还被控制车辆,而当地法院往往以"返还原物纠纷"作为案由受理立案,金融公司根据案件的具体情况可采取以下应对措施:

对"返还原物纠纷"诉讼的答辩要点为:根据《中华人民共和国物权法》第二百四十一条"基于合同关系等产生的占有,有关不动产或者动产的使用、收益、违约责任等,按照合同约定"的规定主张,当事人在合同中就抵押车辆的控制进行约定符合法律规定;坚持金融公司控制抵押车辆的行为系符合抵押贷款合同中相关控制车辆条款的约定,为履行合同的行为,并无不当之处。

另外,金融公司可先行提出管辖争议,主张案件实为金融借款合同纠纷,管辖法院应为合同约定法院,申请当地法院移交案件。对于管辖异议,如当地法院支持,金融公司则可获得本地应诉的优势;如当地法院驳回,金融公司也可为采取其他应对措施争取到一段缓冲时间。

金融公司可在合同约定管辖法院,尽快申请诉讼保全措施,由法院查封扣押抵押车辆,将车辆控制的自行救济行为转换为司法救济。

金融公司可在"返还原物纠纷"管辖法院,对贷款客户提出金融借款纠纷反诉,主张客户偿还全部剩余贷款本金、利息、罚息,相关控制车辆等催收费用、诉讼费用等。

② 被控制车辆贬值纠纷的诉讼应对措施。如车辆控制时间较长,贷款客户在起诉金融公司返还车辆时,可能会同时要求金融公司承担控制车辆贬值的责任。

车辆总贬值 = 车辆自然贬值 + 车辆市场贬值 + 因金融公司过

错造成的车辆损失。而按照《侵权法》有关规定,金融公司仅应对因过错造成车辆损失承担责任,如在车辆贬值损失认定中,应剔除车辆自然贬值和车辆市场贬值造成的车辆价值减少。如对车辆价值进行鉴定,可参照国家标准《二手车鉴定评估技术规范》(GB/T30323-2013)中的有关规定审核。

③ 被控制车辆车内物品纠纷的诉讼应对措施。如车辆被控制时有车内物品,贷款客户在起诉金融公司返还车辆时,往往会主张返还车内物品,个别客户甚至会主张一些子虚乌有的财物,如声称车内有巨额现金、高价金银古董等。对此,应辩明车内物品争议问题不符合过错推定或严格责任的情形,也不属于举证责任倒置的特殊侵权行为,故应根据《最高人民法院关于民事诉讼证据的若干规定》第二条之相关规定处理。当事人对自己提出的诉讼请求所依据的事实或者反驳对方诉讼请求所依据的事实有责任提供证据加以证明。没有证据或者证据不足以证明当事人的事实主张的,由负有举证责任的当事人承担不利后果,即应由车主或车辆使用人举证证明车内财物的存在,而不应由控制车辆的金融公司承担举证不能的法律后果。

(3)保险第一受益人条款纠纷。金融公司为预防因抵押车辆毁损价值减少给其带来的风险,往往在车辆商业保险上设定金融公司为保险第一受益人,约定保险理赔金额在超过一定限额时,保险人必须按照第一受益人的书面指示支付保险赔款。

这样做的原因为:在出现重大保险事故后,由于车辆毁损严重,价值大幅度减少,如此时直接将车辆保险理赔款赔付给客户,不排除个别客户会在收到理赔款后停止偿还贷款,同时拒绝付款修车,导致毁损的抵押车辆价值不足以抵付贷款余额,且抵押车辆可能被修车方留置或被保险公司回收,而无法实现抵押权。

鉴于上述风险,在发生大事故后,金融公司往往会要求客户一次性提前结清剩余贷款后才肯书面通知保险公司给客户支付全部理赔款,否则金融公司会要求保险公司先向自己支付剩余贷款金额的理赔款,再将剩余的理赔款支付给客户。

客户对此可能不理解,而与金融公司发生纠纷。对此类纠纷,金融公司处理时应本着与客户协商沟通为主的办法解决,在客户恢复抵押车辆价值并支付维修费或提供其他担保方式的情况下,通知保险公司支付理赔金额。

保险公司也可能在理赔时忽略金融公司作为第一受益人的权益,在没有得到金融公司书面指示的情况下,直接将理赔款支付给被保险人(客户),此后如发生了上述风险事件,金融公司可追究保险公司的违约责任。

(4)管辖条款纠纷。为了方便集中管理逾期客户诉讼工作,金融公司在与客户的抵押贷款合同中往往有约定管辖法院的条款,如"协商不成时双方同意将争议提交贷款人所在地的人民法院解决"的约定。在金融公司向抵押贷款合同约定的贷款人所在法院起诉逾期客户时,个别客户会根据其代理律师意见向受理法院提出管辖异议,主张由被告所在地法院受理。

对此种情况,金融公司不应放弃合同约定的法院管辖权,否则,既不便于诉讼和保全财产,又会加重金融公司的诉讼成本及增加诉讼进程的不确定性。

处理措施为:依据《民事诉讼法》及其解释的相关规定和与客户签订的《抵押贷款合同》中管辖约定向法院出具书面答辩意见,据理力争,保障约定法院的管辖权,如法院支持被告做出不利于金融公司的判决,必要时可提出上诉。

8.4.1.1.3 抵押车辆未登记的相关纠纷

金融公司会与贷款购车客户签署贷款合同和抵押合同(以下均统称为抵押贷款合同),同时也要求售车经销店与客户将购买的车辆在车辆管理部门进行抵押登记,但在实际操作中常有抵押车辆未进行抵押登记,这样将严重影响到金融公司对逾期客户抵押

车辆抵押权的实现,常带来以下不利情形:

(1)无法限制客户转让并过户车辆,且无法对抗善意第三人(善意车辆受让者)。车辆未做抵押登记时,客户可自由转让过户抵押车辆。由于我国就汽车抵押采取的是登记对抗主义(不以登记为生效要件),根据《物权法》的一百八十八条规定,虽然交通运输工具的抵押权自抵押合同生效时设立,但未经登记,不得对抗善意第三人,所以抵押车辆一旦通过正常买卖等方式出让过户,车辆的善意受让方即可取得车辆的所有权,而金融公司就失去了对车辆的抵押权,即失去了对实现债权的担保,相应贷款成为坏账的风险势必极大增加。

金融公司为避免上述极为不利的情况发生,一旦发现车辆未进行抵押登记,应积极采取应对措施:如申请人民法院对车辆进行查封保全措施,避免车辆过户;收集证据,通过诉讼否决抵押车辆的善意取得;通过诉讼,确认债权与抵押权,宣布全部贷款提前到期,尽早回收贷款。

(2)丧失对抵押物变现价款优先受偿的权利。《物权法》第一百九十九条规定:"同一财产向两个以上债权人抵押的,拍卖、变卖抵押财产所得的价款依照下列规定清偿:(一)抵押权已登记的,按照登记的先后顺序清偿;顺序相同的,按照债权比例清偿;(二)抵押权已登记的先于未登记的受偿;(三)抵押权未登记的,按照债权比例清偿。"

按上述规定,由于金融公司的抵押权未做登记,如客户同时拖欠其他债权人的债务并将车辆抵押给其他债权人,金融公司则丧失了对抵押车辆变现价款优先受偿的权利。

8.4.1.2 与经销店纠纷

按照《汽车金融公司管理办法》规定,未经中国银保监会批准,汽车金融公司不得设立分支机构;同时也出于成本费用考虑,汽车金融公司并不在主要贷款业务的销售地点——汽车经销店配置自有人员,而是与经销店合作,签订专门的汽车贷款服务协议,由经销店委派自身专门员工代汽车金融公司介绍推销贷款金融产品,收集转交贷款申请人的申请资料,组织监督贷款人签订格式贷款合同,办理车辆抵押登记,回递贷后资料等工作,在此合作过程中双方难免会有纠纷发生。由于金融公司与汽车经销店各自业务发展均需要对方的支持,为了维护双方合作关系的稳定,多数纠纷均能妥善处理。下面介绍几种冲突较为激烈的纠纷。

8.4.1.2.1 贷款欺诈纠纷

个别经销店或其员工,为了谋取不当利益,自行或与贷款申请人合作,违反国家相关法律法规,违反汽车贷款服务协议的约定,欺骗汽车金融公司,替不符合条件的申请人争取到贷款,常表现为:提交虚假贷款申请资料,冒用他人身份申请贷款,抵押贷款合同上虚假签字,不履行车辆抵押义务,等等。

对于上述情况,金融公司可依照法律规定、双方合同约定,通过民事诉讼方式追究经销店的违约、侵权责任;如经销店或其员工违法情况严重,造成巨大损失,必要时可采取刑事措施解决——以贷款诈骗为由至当地公安机关报案,追究当事人的刑事责任,并追回损失。

8.4.1.2.2 阶段性担保责任纠纷

汽车金融公司为规避客户逾期风险,往往倾向于规定在车辆抵押登记办妥并收到已抵押登记的机动车登记证书后,才会发放贷款。由于车辆抵押登记办理及回递车辆登记证书的周期较长,经销商为了早日获得贷款资金,促进销售,在抵押登记办理前保证购车客户能够正常使用车辆,经销商往往选择为客户承担"经销商阶段性保证"责任来获取金融公司的尽早放款。

所谓"经销商阶段性保证"系指为了保证客户(借款人)履行其在贷款合同项下的义务,经销商对贷款合同项下借款人的全部义务在"经销商阶段性保证期间"内提供连带责任保证。如果借款人在相应的经销商阶段性保证期间之内未能履行其在贷款合同项下的任何义务,汽车金融公司(贷款人)可直接要求保证人(经销商)履行借款人在贷款合同项下的义务。

而就某一贷款合同而言,"经销商阶段性保证期间"是指,自贷款合同签订之日开始,至车辆抵押登记办妥并且贷款人收到载明贷款人为该等抵押的抵押权人的该车辆的机动车登记证书之日结束的期间。

这就意味着如果出现抵押车辆没有登记的情况,经销商要替客户承担保证责任,承担不限于贷款合同项下的贷款本金、利息、逾期还款的各项费用、贷款人垫付保险费及利息、实现债权和抵押权的费用、因借款人违约而给贷款人造成的损失和其他所有应付费用。

8.4.1.2.3 贴息款拖欠纠纷

汽车行业内,车辆生产厂家和经销商为了促销,常用的促销手段是贷款贴息优惠,即针对特定车型由经销商、制造商、进口商或其他第三方代替借款人向贷款人承担部分或全部利息。经销商拖欠贷款人的贴息款也是引发纠纷的常见原因之一。

贴息款拖欠纠纷的解决重在预防,金融公司多采取停止放款、贴息款预扣、贷款服务佣金抵扣、扣除保证金,以及给经销商库存贷款等方式,来避免或解决经销商拖欠贴息款的问题。对于经营状况极度恶化且已停止贷款服务合作的经销商,更要注意经销商资产的事先调查,必要时采取诉前财产保全措施。

8.4.2 常见纠纷表现形式

对于不同内容、不同程度的纠纷,纠纷对方往往采取不同形式的方法谋求解决,常见表现形式有如下几种。

8.4.2.1 客服投诉

客服投诉多出现在相对简单、冲突较为缓和的纠纷起始阶段,具体内容可能涉及业务的各个方面,主要处理人员为客服人员。

客服人员应对其中难以解决、容易激化、可能给公司产生不良影响造成损失的问题给予重视,并及时反馈给相应处理人员,力争将纠纷消灭在萌芽中,必要时法催人员可就涉及的法律问题给予咨询、建议或接手处理。

8.4.2.2 上门闹事

上门闹事多在客户情绪激动、纠纷冲突激化,或客户不择手段谋取不当利益的情况下出现,滋事地点多为经销店卖场或金融公司职场。

此类纠纷的预防与解决可采取以下原则:

(1) 隔离纠纷。① 在业务办理及纠纷处理中,充分、反复地向客户解释,说明经销店与金融公司并非一家,为各自独立的法人,争取客户理解。② 金融公司可在职场入口设立物理门禁,工作人员可刷卡进入,来访人员只有经公司相关人员确认允许后才能进入。③ 设立相对隔离的用于接待来访客户的专门接待室,安置完善的监控设备,一旦客户有过激行为,便于留取证据,便于维权。④ 对金融公司容易引发激烈冲突的催收部门,可选择相对独立且安保措施较完备的物业。⑤ 金融公司自行或与物业建立滋事人员劝出清场机制,必要时请警方介入帮助。

(2) 专人处理。因为上门闹事的客户往往情绪激动、行为极端,为避免冲突激化,金融公司原先触发矛盾纠纷的员工应尽量回避,由其领导或相关专业有经验的人员进行接待处理,这样更有利于纠纷的解决。

(3) 适当让步。为尽快解决纠纷,减少不良影响,金融公司可适当让步,如减免相关罚息、利息或费用,以期与客户达成和解,但应注意让步的节奏与幅度,并且同时要求客户做出相关承诺,避免少数不良客户得寸进尺。

8.4.2.3 公安报警

在矛盾冲突较为激烈的现场催收或拖车催收工作中,很多客户会进行报警,宣称遇到盗抢或人身伤害。此种情况下金融公司应尽快与警方取得联系,提供合法有效的贷款抵押合同、抵押登记证、委托催款协议等证据材料,书面说明相关行为的合法合约性,如处理及时得当,警方往往会认为属于民事纠纷而不予受理立案。

8.4.2.4 向监督部门投诉

客户对金融公司相关格式合同约定或业务流程存在异议,往往会向职能部门(如工商、税务、消协等)投诉。对此类纠纷应向有关职能部门提供相关资料,做出书面说明,必要时与客户达成和解,一般都能妥善解决。

8.4.2.5 法院诉讼

客户至法院起诉汽车金融公司的情况,常见于冲突较为激烈并持久的纠纷,如被控制车辆且拒绝全额结清赎车的贷款客户,主张车内有巨额财物的客户等。

纠纷进入诉讼阶段,一旦法院对金融公司的合同约定或相关行为做出了不利判决,客户或媒体往往乐于传播或报道此类信息,会对金融公司的公司形象和业务开展带来广泛持久的不利影响,故对于此类诉讼纠纷应更加慎重处理。

对于诉讼纠纷的处理原则为:

(1)诉讼前段尽快调解。对于进入诉讼初始阶段的案件,双方可在法院的调解下相互让步,达成和解,这样可化干戈为玉帛,并且可尽快解决纠纷,减少损失,避免双方的讼累。

(2)诉讼中段持久坚决。如果客户态度较为固执,拒绝和解,坚持诉讼,汽车金融公司应表明更加坚决的态度,充分举证主张业务行为的合法合约性,并就逾期客户按合同约定加收罚息、各种催收费用等,增加逾期客户的还款压力。另外,诉讼除了是控辩双方法律和证据的对抗外,也是意志力的对抗,必要时金融公司可采用管辖异议、鉴定异议、上诉等诉讼技巧延长诉讼周期,以消磨瓦解逾期客户的意志,并在期间注意寻求有利于己方的机会。

（3）诉讼后段寻求和解。随着时间的推移，逾期客户就其诉讼结果的预期往往会越来越悲观，此时金融公司可在法院的帮助下与其寻求和解。

（4）如无法达成和解，一旦初审法院做出对金融公司不利的判决，应坚决上诉。

（5）一旦判决生效，金融公司应不管判决是否合理公正，也不管逾期客户是否履行义务，应坚决地在法院规定的期限内全部履行法律文书规定的义务，否则一旦上了法院被执行人和失信被执行人名单，对于作为非银行金融行业的汽车金融公司来说相关风险是灾难性的。汽车金融公司大部分信贷资产的资金来源于银行贷款、同业拆解或公司债券，一旦出现征信不良，很有可能会被提前收贷，降低信用资产估值，缩减信贷额度，拉高融资成本，故而容易造成灾难性的结果。

如果法院判决中有不合理、不公正，甚至徇私枉法的情况，金融公司可在完全履行判决后采取申请再审或向纪检监察部门投诉的方式解决，不能因小失大。

8.5 法务培训

在金融行业整治、打击非法催收的背景下，法务培训工作变得更加重要，与纯粹法律理论知识培训不同，法催人员的培训材料更侧重介绍各业务部门实际面临的法律纠纷案例及对应处理方法。

8.5.1 对金融公司催收人员的培训

对催收人员的培训目的在于使其依法合规进行催收，首先要帮助催收人员（主要是电催和现场催收人员）在催收工作中避免发生违法违规的催收行为，其次要为其提供催收相关法律、法规、合同的知识、术语与工具，使其能够灵活运用法律、法规规定、合同约定来更加权威、专业、有说服力地向逾期客户催收。培训时要侧重讲授行业内的新法律法规、政策意见,并结合相关典型案例进行理论联系实际的讲解,还须帮助催收人员对金融借款纠纷的相关民事法律关系有整体了解。

8.5.1.1　贷款人之间的连带责任

[案例一]

金融公司给张三提供车贷后,张三无还款意愿,甚至后期直接失联。作为共借人的李四或者保证人王五是否有还款的义务？保证人是否可以"主合同纠纷未经审判或者仲裁,并就债务人财产依法强制执行仍不能履行债务前,对债权人可以拒绝承担保证责任"这一法条来主张先诉抗辩权？

分析：

所谓连带责任,是指依照法律规定或者当事人约定,两个或者两个以上当事人对其共同债务全部承担或部分承担,并能因此引起其内部债务关系的一种民事责任。当责任人为多人时,每个人都负有清偿全部债务的责任,各责任人之间有连带关系。汽车金融借款纠纷中,客户与金融公司签订的借款抵押合同通常会由两个或者两个以上当事人共同签订,主要涉及主借人、共同借款人及担保人。借款人与共同借款人的还款义务相同,对于金融公司贷款本息债务,借款人与共同借款人承担连带责任,公司可向任何一人主张。

由于贷款抵押合同中明确约定保证人在债务人不履行债务时与债务人负连带责任的保证,连带责任保证中保证人并不享有先诉抗辩权。只要有债务人届期不履行债务的事实,保证人的保证责任即发生效力。故当借款人(包括借款人与共同借款人)不按合同约定履行债务时,金融公司作为贷款人可以直接要求保证人履行债务或承担责任。

因此,催收员在催收时可结合法律条款和合同约定向客户说明相关责任,要求共同借款人和担保人履行债务或承担责任。

8.5.1.2 债的相对性

[案例二]

借款人张三、共同借款人李四及保证人王五在办理车贷后均失联且拒不偿还月供,催收人员联系到了主借人共借人的父母等近亲属后,能否主张主借人、共借人的父母等近亲属有责任和义务还款?

分析:

债的关系只能对特定的债权人和债务人产生效力,对于债的关系之外的第三人不具有约束力。换言之,债权人得向特定的债务人请求给付,不能向债务人以外的第三人请求给付。在合同关系中,即体现为合同的相对性。

通常状况下,父母等近亲属无义务替借款人、共同借款人、保证人还款,但如能劝说其自愿代替还款,法律上并无限制,同时通过近亲属向借款人、共同借款人、保证人传递相关催收信息也是十分必要的。

[案例三]

借款人张三、共同借款人李四与卖车的4S店因车辆质量产生纠纷闹得不欢而散,张三、李四是否可以此为由拒绝偿还金融公司车贷?

分析:

根据债的相对性及贷款双方签订的抵押贷款合同约定:借款人与经销商、汽车制造商或者任何第三方发生的任何纠纷和/或争议均不影响借款人按期偿还贷款合同项下的贷款本金、利息及其他应付款的义务。

[案例四]

借款人张三在购车后将车辆私自转让给赵六,并主张由赵六承担还款义务,该行为能否被金融公司认可?

分析:

根据《合同法》第八十四条规定:债务人将合同的义务全部或者部分转移给第三人的,应当经债权人同意。如若未经作为债权人的金融公司同意,张三的主张无效,贷款客户无权因此拒绝还款。

[案例五]

主借人张三在向金融公司贷款买车后与共借人李四离婚,在法院出具的离婚协议上声明婚姻存续期间的所有债务转由李四承担。金融公司在向张三催收逾期款项时张三以此为由提出抗辩,金融公司是否因此无法再向张三主张债权?

分析:

《最高人民法院关于适用〈中华人民共和国婚姻法〉若干问题的解释(二)》第二十五条规定:当事人的离婚协议或者人民法院的判决书、裁定书、调解书已经对夫妻财产分割问题做出处理的,债权人仍有权就夫妻共同债务向男女双方主张权利。一方就共同债务承担连带清偿责任后,基于离婚协议或者人民法院的法律文书向另一方主张追偿的,人民法院应当支持。故按照法律规定,金融公司仍可向张三或李四主张债权,要求两人承担连带还款责任。

8.5.1.3 抵押车辆的质押、转让及二次抵押的效力

[案例六]

张三在向金融公司贷款并抵押车辆后,与他人发生经济纠纷并无力偿还他人债务,故张三/李四(共借人)对车辆进行了二次

抵押,该抵押是否有效?如果张三/李四把车直接交给赵六(第三方),这样的质押是否有效?或张三未经金融公司允许私自将贷款抵押车辆转让给赵六(第三方),这样的转让是否有效?该行为对金融公司债权、抵押权有何不良影响?

分析:

《担保法》第三十五条规定:抵押人所担保的债权不得超出其抵押物的价值。财产抵押后,该财产的价值大于所担保债权的余额部分,可以再次抵押,但不得超出其余额部分。

《物权法》第一百九十九条规定:同一财产向两个以上债权人抵押的,拍卖、变卖抵押财产所得的价款依照下列规定清偿:(一)抵押权已登记的,按照登记的先后顺序清偿;顺序相同的,按照债权比例清偿;(二)抵押权已登记的先于未登记的受偿;(三)抵押权未登记的,按照债权比例清偿。由此可见法律上并不限制二次抵押,但金融公司一般会在合同中明令禁止。故二次抵押违约不违法,如若实际发生,金融公司登记的抵押权优先于登记在后的抵押权受偿。

《最高人民法院关于适用〈中华人民共和国担保法〉若干问题的解释》第79条规定:同一财产法定登记的抵押权与质权并存时,抵押权人优先于质权人受偿。同一财产抵押权与留置权并存时,留置权人优先于抵押权人受偿。故当金融公司的抵押权与第三人的质押权并存时,作为抵押权人的金融公司优先于质权人受偿。

我国汽车抵押采取的是登记对抗主义(即不以登记为生效要件)。对于车辆转让,根据《物权法》第一百八十八条"以本法第一百八十条第一款第四项(生产设备、原材料、半成品、产品)、第六项(交通运输工具)规定的财产或者第五项规定的正在建造的船舶、航空器抵押的,抵押权自抵押合同生效时设立;未经登记,不得对抗善意第三人"的相关规定,我们可以得出如下结论:若抵押人在转让车辆时尚未在车管所登记抵押权,则金融公司贷款合同与抵押合同虽有效,但无法向善意第三人主张抵押权的优先受偿权,也不能阻止抵押人向善意第三人的车辆转让行为,只能追究贷款人的违约责任;若贷款人已在车管所办理车辆抵押登记,则抵押人未经金融公司同意不得转让抵押财产,但受让人代为清偿债务消灭抵押权的除外。《物权法》第一百九十一条:抵押期间,抵押人经抵押权人同意转让抵押财产的,应当将转让所得的价款向抵押权人提前清偿债务或者提存。转让的价款超过债权数额的部分归抵押人所有,不足部分由债务人清偿。故在车辆已办理抵押的前提下,如无金融公司同意转让抵押车辆违法违约,债权、抵押权法律上不受影响。

需要警惕的是,某些机构或个人打着"二押"的旗号,明知车辆已抵押或车辆非占有人所有,仍以车辆质押向车主或占有人发放高息借款,签订虚假阴阳合同(如夸大借款金额的借款合同和虚假车辆买卖合同),使借款购车的权属形成多方纠纷,给合法车贷债权人、抵押权人和担保人带来很大的不确定性,且后续极易引发非法讨债、黑车交易等违法犯罪行为。上述行为扰乱了市场秩序,需要承担相应法律责任,已成为扫黑除恶的重点打击对象。

8.5.2 对金融公司销售人员的培训

对金融公司销售人员的培训无须像对催收人员的培训那样强调法律催收技巧,而应聚焦在如何预防经销店违规操作贷款申请,或在金融公司与经销店发生纠纷时,如何通过法律手段保障公司利益。经销店违规操作贷款申请引发的纠纷主要集中在协助贷款客户提供虚假材料及签字、向客户错误承诺贷款合同相关重要信息(如合同利率、月供金额等)、未按服务合同约定及时办理车辆抵押导致金融公司损失并拒不承担阶段性担保责任、保险理赔款归属争议、拒不偿付贴息款等。

8.5.3 对经销店金融专员的培训

此处金融专员是广义上经销店的相关员工,包括参与金融公司业务各个相关环节的人员,如负责介绍、指导、收集、办理、提交、见证、核对经销商、客户办理汽车金融业务所需手续,衔接借款人与贷款人之间信息沟通、业务办理职责的人员。对金融专员的培训应侧重于车贷业务开展的合法、合规、合约,金融公司与金融专员所属经销店的互惠互利模式及解决如何帮助金融公司实现客户信用风险的防范和不良贷款资产保全,同时防范被催收的逾期客户对经销店的不良影响。

作为衔接金融公司与经销店的纽带,金融专员常见的职责包括:

(1) 如实向客户介绍金融公司贷款产品,避免纠纷;

(2) 帮助指导贷款客户准备贷款资料,并传递贷款材料至金融公司;

(3) 确保客户贷款资料真实详细(如地址详细),联系方式有效,确保本人面签,防范代购、骗贷的发生;

(4) 及时办理贷款车辆抵押手续,杜绝假抵押,并将客户的车辆抵押材料尽早移交金融公司;

(5) 在办理贷款业务和日常客户服务时,充分提醒客户注意按时足额还款、珍惜信用记录;

(6) 在职权范围内协助金融公司催收人员查询逾期客户相关信息;

(7) 督促客户续保,针对重大事故车辆,协助理赔;

(8) 在修理、保养、维护等过程中发现逾期车辆踪迹,及时反馈金融公司相关负责人员。

此外,面对金融公司的催收压力,少部分客户可能会前往经销店"讨说法",从而干扰正常经营秩序,更有甚者出现过激情绪或行为。对此,在培训时应向金融专员充分传授相关情况的应对与减损措施,以维护经销店自身权益,来保证经销店与金融公司的稳定合作关系。

8.6 客户法律服务

法务催收貌似总要与逾期客户处于针锋相对的敌对状态,其实不然,部分客户出现逾期的原因是由于贷款抵押车辆相关的法律纠纷所导致的,如存在车辆继承过户、车辆保险理赔、车辆被罚没等问题。在这些问题存在的情况下,客户往往不愿先行还款,法催人员可利用自身法律专业的优势,就上述问题向客户提供法律咨询或服务,甚至帮助客户解决问题,从而实现维护客户关系、培养客户忠诚度的目的,而相应的贷款逾期情况往往也随之自然解决。

8.6.1 车辆过户指导

按照《汽车贷款管理办法》,作为贷款人的汽车金融公司发放汽车贷款时,会要求借款人提供所购汽车抵押或其他有效担保,故金融公司往往是所购车辆的抵押权人,在车辆拟过户时需要抵押权人先行解除车辆抵押后才能实现,故往往需要贷款人参与。

[案例]

江苏省丹阳市客户彭某因病逝世,其家人在办理完丧事后,拟将贷款车辆过户给彭某儿子彭新某。家人在前往当地车辆管理部门咨询时,因原车主彭某已病逝,相关身份证件、户口均已注销,且车辆管理部门担心车辆过户后会出现遗产继承纠纷而引发投诉,故出现过户障碍,经多次与车管部门沟通无效。

法律建议:在家庭成员事先达成一致意见的情况下,由彭新某起诉彭某的遗产法定继承人许某(彭某妻子、彭新某母亲,也是贷款共借人和共同抵押人)及其他法定继承人,按家庭成员事先达成的意见,在法院形成调解协议,其他继承人放弃该车的继承权及自有财产份额,该车的全部所有权归彭新某所有并承担剩余汽车贷款,然后在彭新某拥有车辆所有权并提前结清剩余贷款的情况下,金融公司出具结清证明,法院出具协助执行裁定,要求车辆管理部门将该车辆过户至彭新某名下,这样就能顺利办理车辆过户。

8.6.2 车辆保险理赔法律服务

金融公司为防止因抵押车辆毁损价值减少给其带来的风险,往往在车辆商业保险上设定金融公司为保险第一受益人,约定保险理赔金额在超过一定限额时,保险人必须按照第一受益人的书面指示支付保险赔款,故在出现保险理赔纠纷诉讼时,如客户不认可保险公司拒赔决定或认为赔偿金额过少而起诉保险公司时,作为第一受益人的金融公司往往需要作为当事人参加保险纠纷诉讼。

[案例]

山东省临沂市薛某,贷款抵押车辆发生事故毁损,保险公司拒赔,客户不愿继续还款。

获悉此情况后,金融公司法催人员运用自身法律知识,与客户一起搜集准备证据材料,解读保险条款,分析案情,认为该案如起诉保险公司,客户的胜诉概率较大,故建议客户提起保险理赔纠纷诉讼。

客户接受了该建议,法催人员代表金融公司以第一受益人的身份与客户一起将保险公司诉诸法院,法院经审理,最终判决保险公司败诉,相关保险理赔款在先行抵扣金融公司贷款余额后发还客户,双方达到了共赢。

8.6.3 车辆被罚没返还法律援助服务

客户进行刑事犯罪活动时,如驾驶贷款抵押车辆,车辆往往容易被司法机关认定为作案工具而予以罚没,客户拒绝还款继而出现逾期。因司法机关在处理客户刑事犯罪案件时很容易忽视拟罚没车辆系贷款购买且抵押给金融公司的事实,对抵押车辆采取没收处理,势必严重侵犯了作为抵押权人金融公司的合法权益。金融公司如不积极采取措施,相关贷款资产往往会无法回收,故金融公司应尽快与客户及其亲属配合积极向司法机关主张权利。

[案例一]

广东省东莞市客户王某因介绍卖淫罪被东莞某法院判处有期徒刑,贷款抵押车辆作为犯罪工具被公安机关查封扣押,后被法院判决没收,客户出现长期逾期。金融公司在一审判决但尚未生效的期间获悉此消息,随即迅速与客户共同借款人程某(王某妻子)取得联系,积极建议客户针对法院一审判决上诉。在客户提出上诉后,委派金融公司工作人员与王某辩护律师一同前往二审法院提交贷款抵押合同、车辆登记证(抵押登记)、放款证明、还款记录等贷款抵押证据原件,主张相关权益。

在双方的共同努力下,二审法院改判,将贷款抵押车辆返还客户共借人,共借人收车后立即将拖欠贷款结清,充分维护了双方的合法权益。

[案例二]

江苏省靖江市客户朱某因诈骗罪被河南省某法院判处有期徒刑七个月,贷款抵押车辆作为作案工具予以罚没,客户贷款长期逾期。金融公司获悉情况时,判决已生效执行,金融公司积极通过多渠道与判决法院联系,主张权益,最终该法院在金融公司支付车辆评估、停车等费用后,将车辆交付金融公司用于抵偿客户朱某拖欠金融公司的剩余贷款。金融公司在取得车辆后,与已出狱的朱某联系,由其清偿剩余贷款,将车辆赎回。

第九章 资产保全领域相关创新

法催人员较电话催收、现场催收人员具备更多的法律合规知识,而比公司法务人员更贴近催收业务实际,这使得法催人员更适合参与或开拓资产保全领域的各式创新工作。下面将从法律(合同)依据、成本(风险)收益和实务操作三个方面,简略介绍近年来汽车金融行业在资产保全领域的相关创新。

9.1 贷款抵押合同条款的修改

法催人员因直接参与催收工作,更容易发现公司格式合同条款中存在的与实际工作脱节或不适合的问题,法催人员将这类问题及时总结并反馈给相关合同管理部门(如法务部),统一对合同的相关条款进行调整,可较好地解决相关问题,促进公司业务的开展。

9.1.1 约定送达地址条款

9.1.1.1 合同依据与法院态度

送达是一项基础的诉讼制度,在民事诉讼中,法院受理案件后,对被告进行有效送达非常重要,否则将进行耗时耗力的公告送达,并增加诉讼成本,影响诉讼效率。

对此,很多金融机构在其贷款合同中就纠纷/诉讼期间的送达地址进行专门明确约定,并明确约定诉讼期间法院只要邮寄至上述约定的送达地址即视为送达。

该类约定送达地址的合同条款的法律效力,目前已有越来越多地区的人民法院予以认可,并在其辖区内实行推广,如上海高院、福建高院、江西高院等,并且已成为一种趋势。①

9.1.1.2 成本、收益

(1) 在合同中专门设定送达地址条款做法的主要成本。① 需要花费重新印刷格式合同的相关成本;② 需要支付修改后的新版合同进行相关宣教费用。

(2) 专门约定送达地址条款的合同可提高送达成功率。① 缩短诉讼案件周期。由于提高了送达成功率,避免公告送达程序,可以大大提高诉讼案件结案的周期。如上海市浦东新区人民法院,用此措施,将以往信用卡纠纷案件和金融借款纠纷案件的处理周期从平均四个月左右缩短到了一个半月左右。② 提高判决数量及比例。由于诉讼周期与效率大幅度提高,使人民法院在同等人力、物力与时间内可以处理更多案件,并使案件的简易程序判决率大幅度提高。③ 节约诉讼费与公告费。如果认定邮递送达成功,可以采用简易程序判决,这样除了缩短诉讼周期,还可以享受诉讼费减半的优惠措施,并免除了送达的公告费,可以较大地降低诉讼成本。

综上所述,金融机构在借款合同中增加约定送达地址条款的成本相对于其带来的收益,是完全可以接受的,金融机构在制订借款格式合同时,应尽可能包含类似条款。

9.1.1.3 实务操作注意事项

在实际诉讼中,并不是所有使用约定送达地址条款的案件的邮递送达都可以被认定为成功送达,当存在以下情况时,常会被法院认定为约定地址条款无效。

---

① 李舒:《民商事合同中约定"诉讼文书送达地址"是否具有法律效力?》,2015 年 12 月 28 日新浪司法,http://finance.sina.com.cn/sf/news/2015-12-28/153915031.html。

(1) 约定地址不详或地址指向不够精确。如合同中约定的送达地址为×××市×××区,其范围过为宽泛,指向不够准确,单纯靠此地址明显无法送达被送达人处。

(2) 地址明显错误或实际上不存在。合同中约定的地址存在明显错误,如压根就没有相应的行政区划,或邮件送达时出现如EMS"退改批条"中反馈的"查无此地址"情况。

(3) 邮递的回证不能及时返回。邮递送达时,如邮局快递回单不能及时返回,则法院无法判断约定地址是否存在,是否有错误,以及相关通知或法律文书到达约定地址的时间(作为计算相关时效的依据),对此法院倾向认定为无法送达。

合同示范:一旦贷款人与借款人(包括共同借款人、保证人,以下相同)之间因合同发生纠纷而诉诸法院,借款人在合同××处所列明的送达地址将作为各自的司法送达地址。确认的送达地址适用于一审、二审、再审、执行等各个诉讼阶段。如诉讼期间送达地址变更,借款人应及时告知受诉法院变更后的地址;如果提供的送达地址不确切,或不及时告知变更后的地址,导致诉讼文书无法送达或未及时送达,借款人将自行承担由此可能产生的法律后果,受诉法院邮递至送达地址即视为有效送达。借款人在本合同××处的签收视为其已阅读并知晓本条事项,并保证所提供的送达地址各项内容是正确、有效的。

9.1.2 约定管辖法院条款

在合同中约定管辖法院的做法在金融行业的借款抵押合同中较为常见,为了便于高效集中诉讼逾期客户,很多金融公司在借款抵押合同中会将管辖法院约定为贷款人(即金融公司)所在地的法院。当金融公司将不良贷款以债权转让方式转让给第三方时,根据受让方权利来自且受限于出让方权利的基本原理,不良贷款受让方一旦要起诉逾期客户,也只能到金融公司所在地法院,而不是到受让方所在地法院进行诉讼。

受上述限制,受让方往往以管辖法院为异地法院自身不便诉讼为由,要求金融公司就拟转让的债权进行诉讼并取得法院生效判决文书,以便受让方主张权利。这势必会增加金融公司的工作量及成本,因此,可在贷款合同中约定管辖法院随受让人转移的条款,使不良资产受让方能在其住所地法院便利地进行诉讼维权。

9.1.2.1 法律依据

《民事诉讼法》规定:第三十四条合同或者其他财产权益纠纷的当事人可以书面协议选择被告住所地、合同履行地、合同签订地、原告住所地、标的物所在地等与争议有实际联系的地点的人民法院管辖,但不得违反本法对级别管辖和专属管辖的规定。

《最高人民法院关于适用〈中华人民共和国民事诉讼法〉执行程序若干问题的解释》规定:第三十三条合同转让的,合同的管辖协议对合同受让人有效,但转让时受让人不知道有管辖协议,或者转让协议另有约定且原合同相对人同意的除外。

9.1.2.2 成本收益

约定管辖法院条款可使金融公司节省诉讼相关成本,将金融公司的有限资源集中在自催案件上。

9.1.2.3 实务操作注意事项

要注意的是相关条款避免出现约定无效的情况,即《最高人民法院关于适用〈中华人民共和国民事诉讼法〉执行程序若干问题的解释》第三十条根据管辖协议,起诉时能够确定管辖法院的,从其约定;不能确定的,依照民事诉讼法的相关规定确定管辖。管辖协议约定两个以上与争议有实际联系的地点的人民法院管辖,原告可以向其中一个人民法院起诉。

根据最高人民法院的解释,金融公司在设定管辖条款时应注意的是:

(1) 合同中的管辖条款指向的法院必须是与争议有实际联系的地点的人民法院管辖。

(2) 所谓与争议有实际联系的地点包括:被告住所地、合同履行地、合同签订地、原告住所地、标的物所在地等。

(3) 合同中的管辖条款指向的法院可以不唯一,原告在诉讼时可以根据需要选择。

(4) 合同中的管辖条款指向的法院在起诉时需要确定,潜台词中包含着在起诉前并不要求确定。可在合同中约定:"协商不成时各方同意将争议提交贷款人(如贷款人根据本合同规定将其在本合同项下的债权转让给第三方的,则为该第三方)住所地的人民法院解决。"

9.1.3 贷款用途的突破

9.1.3.1 背景与依据

根据2004年10月1日实施的《汽车贷款管理办法》(央行、银保监会〔2004〕第2号令,简称《管理办法》),对于个人汽车贷款,贷款人(汽车金融公司)仅限于向个人借款人发放用于购买汽车裸车的贷款,不应包含各类附加税、费及保费等。

而2016年3月24日出台的《中国人民银行银监会关于加大对新消费领域金融支持的指导意见》(银发〔2016〕92号,以下简称《指导意见》)中规定:允许汽车金融公司在向消费者(司法界多将《消费者权益保护法》的消费者限定为个人消费者,笔者注)提供购车贷款(或融资租赁)的同时,根据消费者意愿提供附属于所购车辆的附加产品(如导航设备、外观贴膜、充电桩等物理附属设备以及车辆延长质保、车辆保险等无形附加产品和服务)的融资。汽车金融公司开展购车附加产品融资业务时,执行与汽车贷款一致的管理制度。

可见《指导意见》就贷款用途方面对原《管理办法》的相关规定,在制度上进行了突破性尝试。据此,个别先行的汽车金融公司针对个人汽车贷款开展了购车附加产品贷款业务的尝试,并对各自公司原有的"汽车消费抵押贷款合同"进行了修改,针对"贷款用途"条款增加了相应附加产品的用途。

9.1.3.2 收益、机遇与风险、挑战

(1) 收益、机遇。① 就作为贷方的汽车金融行业而言,扩展了汽车金融公司对个人客户零售汽车贷款的用途范围,扩大了潜在的市场规模;对借方而言,可以获得更低首付、更全面融资需求覆盖的便利,故能从整体上提升汽车金融公司对汽车零售消费及汽车融资租赁的竞争力。② 对于开展购车附加产品贷款业务的金融公司而言,可以放大单个优质客户的贷款额度,进而扩张金融公司的贷款资产规模,使其成为利润的新增长点。

(2) 风险、挑战。① 因有些附加产品易引发法律纠纷,会导致继发逾期的增加。② 因有些附加产品的价格不够透明,故附加产品贷款可能引发更多的欺诈行为。③ 就同一借款人而言,比原来单一的汽车贷款额外增加了附加产品贷款,其贷款负担更重,增加了信用风险。④ 增加了金融公司日常业务操作(如贷前审批、贷后管理、逾期催收等)的难度。例如一份客户贷款合同项下,可能对汽车贷款和附加产品贷款采用不同的利率(包括贷款利率和优惠利率)和还款方式。⑤ 增加了法院审理此类案件的难度。

9.1.3.3 实务操作注意事项

金融公司在开展购车附加产品贷款业务的初期,应注意以下方面的风险。

(1) 注意包含购车附加产品贷款业务的新合同版本,重新进行抵押登记机关的备案,以避免车辆抵押担保范围被认定不包含附加产品的风险;

(2) 加强对贷款合作经销商的管理,严防欺诈行为发生;

(3) 在业务初期,仅针对优质客户增加附加产品贷款;

(4) 在业务初期,对附加产品采用与主产品(原汽车贷款)相同的利率、还款方式,从而在形式上表现为一份贷款,以降低业务操作和法院审理的难度。

9.2 赔付逾期款项的相关保险产品

9.2.1 背景与依据

提起汽车金融与保险业的联姻,很多人应该记得先前的"车贷险"。

"车贷险"是汽车消费贷款保证保险的简称,是指由汽车消费贷款的购车人投保,保险公司承保,以购车人的履约责任为保险标的,约定投保人在保险事故(借款购车人逾期)发生时,以贷款人为索赔权人的保险制度。保险公司在汽车消费贷款中担当借款人担保人的角色,被保险人是金融机构贷款人,如借款人逾期不还款,保险公司向贷款人承保不还款责任。①

1998 年《汽车消费贷款管理办法》颁布后,国内各保险公司纷纷试水车贷险。由于当时市场产品不成熟,征信体系建设迟滞,金融行业对汽车消费贷款逾期控制技术落后,从 2001 年开始,车贷险隐藏的巨大风险开始引爆,保险公司赔付率居高不下,个别公司的赔付率甚至达到 400%,因此,到 2003 年下半年时,各大保险公司纷纷叫停该项业务。2004 年 1 月,银保监会发布《关于规范汽车消费贷款保证保险业务有关问题的通知》,明确提出"各保险公司现行车贷险条款费率截至 2004 年 3 月 31 日一律废止",几经波折的第一代车贷险被画上了句号。

2009 年,银保监会发文提出"积极推进汽车消费贷款保证保险业务稳步发展",但一朝被蛇咬,十年怕井绳,直至目前大部分保

---

① 刘小刚,童佳:《新车贷险遭遇市场冷漠之博弈分析》,《保险研究》,2006 年第 8 期,车贷险百度百科,http://baike.baidu.com/link?url=vyKC9_8oHivhlnCxoXl0pyvgm3qDut6XT484xRYPGWenPusRJ—E_uXZ07_to-78kHRtNl7Am78QVdb6iOGI64a。

险公司对于车贷险仍持谨慎态度。[①] 个别保险公司、汽车定位产品企业和汽车金融公司通过"贷款车辆＋加装车辆定位产品＋购置产品责任保险"的模式进行合作,保险公司通过向汽车定位产品企业或汽车金融公司(索赔权受让)赔付因定位设备失效的产品责任险,替代盗抢险,并使汽车金融公司就无法通过定位回收贷款逾期车辆的损失得到部分补偿,如嘉车宝产品逾期款项赔付保险保障。

9.2.2 风险收益

目前,汽车消费贷款保证保险业务规模很小,该业务由购车客户、汽车金融公司、汽车经销商、保险公司、定位商共同参与,各参与方的风险与收益如表9-1所示。

表9-1 车辆定位保险产品风险收益分析

参与方	风险/成本	收益	博弈平衡要素
购车客户	支付设备、服务及保险费用	降低贷款审批条件,可替换盗抢险保费,获得普通盗抢险没有的定位服务	可以接受的价格
汽车金融公司	可能增加客户使用金融产品的成本,降低客户金融产品接受度	降低逾期款项的回收成本,提高回收比例与效率	加装政策的设定
汽车经销商	增加宣教成本,存在降低潜在购车客户在店成交可能性的风险	获得加装佣金或差价收入,通过加装该产品增加购车客户向金融公司申请贷款的审批通过率,促进车辆销售	佣金,差价收入比例及贷款审批政策

---

① 《车贷险欲东山再起信用风险审核仍待突破》,2015年8月31日,新浪财经,http://ww.makepolo.com/zx－jr－baoxian/20150831/1377514.html。

续表

参与方	风险/成本	收益	博弈平衡要素
保险公司	需要较强的汽车专业领域信用风险审核与控制能力,存在赔付率过高风险、国家保险政策风险	拓宽保险产品客户渠道,增加保费收入	借产品责任险险种实现盗抢险和信用保证保险功能优选合作伙伴,设定共赢合作模式
定位商	需要平衡车主、金融公司、汽车经销商、保险公司多方的不同需求,设备质量与服务水平需不断提高	获得较稳定的客户渠道,更多、更高价格卖出产品	作为各方博弈的聚焦点,应注意调和均衡以上所有要素,不断提高设备质量与服务水平

9.2.3 实务操作

9.2.3.1 老车贷险失败原因

(1) 当时国内征信体系建设迟滞,失信违约成本低,众多失信违约的借款人得不到足够的惩罚,导致众多借款人轻率断供违约,保险公司受损严重。

(2) 产品设计存在缺陷,如贷款最低首付为二成,保费分期支付,无免赔率,保险公司承担无条件连带责任等,增加了保险公司高理赔率的风险。

(3) 过度竞争,降低保费,盲目异地展业,不具备足够的汽车金融行业信用风险控制经验和催收能力。

(4) 未能与汽车金融贷款企业建立有效的共赢合作模式,以借用其丰富的信用风险防控和催收能力来降低理赔率或追回理赔损失。

9.2.3.2 新车贷险的尴尬

(1) 保费费率过高,作为投保人的借款人不能承受如对于汽车消费金融市场上常见的首付三成三年期的贷款,中国大地财产保险股份有限公司的个人汽车消费贷款履约保证保险基准费率为

5.80%,对于资信不良的投保人还要上浮30%至70%,而实际操作中被汽车消费金融企业要求投保的贷款购车者往往正是资信不良的人群。

(2)对于投保人的要求过于苛刻,不利于汽车消费金融企业在竞争激烈的车贷市场中争取借款客户。如在保险条款中限定:投保人的年龄范围和身体条件,首付不低于三成,贷款期限在三年以内,贷款购买车辆必须有效抵押,且抵押权人为被保险人,贷款抵押车辆必须投保的其他险种等。

(3)一方面过分保护保险公司,责任免除条款排除了保险公司绝大部分理赔可能,并设定各种免赔率条款,降低赔付率;另一方面对被保险人的义务规定过于苛刻,稍有违反即免赔少赔,故整体上对汽车消费贷款金融企业没有多少吸引力。

新车贷险保险合同中的免责条款除了常见的战争、恐怖活动、放射污染、政府行政行为、不可抗力等之外,还常常额外约定:因投保人的违法行为、民事侵权行为使其所购车辆及其他财产被罚没、查封、扣押、抵债及车辆被转卖、转让;因所购车辆损坏、损毁或灭失,并且无法得到机动车辆保险的赔偿,致使投保人不履行还款义务;因所购车辆质量问题引起争议,导致投保人未履行《借款合同》约定的还款责任;投保人提供的抵(质)押物被被保险人以外的机构或个人出售、拍卖、转让、再抵(质)押;投保人提供虚假材料,购车手续不全或发生虚假购车、一车多贷、挪用贷款、骗贷套贷、恶意拖欠及其他违法行为或犯罪行为;投保人为自然人的,投保人在保险期间开始之日起一年内的自杀、自残行为等均属于免除保险公司保险赔偿责任的原因。上述有些情况在严重逾期客户中是较为常见的。

新车贷险,对被保险人的义务规定繁杂而过于苛刻,且将投保人的过错后果让被保险人承担。如要求被保险人应在每月按规定向保险人书面提供投保人上一个月的还款情况表,并签章确认;根据保险人的要求,被保险人应协助保险人随时查阅投保人的还款账户;被保险人发现任何可能导致保险合同风险增加的情况,应在规定时间内书面通知保险人,并和保险人共同采取措施减少或消除上述风险等,否则将免赔或少赔。考虑到主要汽车金融公司的客户规模,如大范围适用车贷险,上述工作量将会十分巨大,从成本上考量不可行。

甚至还有保险公司将投保人(借款人)的过错后果归被保险人(贷款人)来承担。如规定,"投保人故意不履行如实告知义务的,保险人对于合同解除前发生的保险事故,不承担赔偿保险金的责任,并不退还保险费。投保人因重大过失未履行如实告知义务,对保险事故的发生有严重影响的,保险人对于合同解除前发生的保险事故,不承担赔偿保险金的责任,但应当退还保险费",或者约定"在保险期间内,如发现投保人存在潜在不还款风险,或有任何导致本保险风险显著变化的情况,被保险人应及时书面通知保险人,保险人可以按照合同约定增加保险费或者解除合同","投保人、被保险人未履行前款约定的通知义务的,因保险标的危险程度显著增加而发生的保险事故,保险人不承担赔偿保险金的责任"。

即使符合车贷险的理赔条件,保险公司也会通过规定10%的绝对免赔率,还有各种情况下的累计免赔率来减少保险赔款金额。如规定,"发生保险责任事故时,本保险对保险人应承担的赔偿责任实行一定比例的绝对免率,该比例不低于10%,根据被保险人以往汽车消费贷款逾期情况确定,具体比例在保险单上载明","被保险人如不履行上述第十九条、第二十条、第二十一条约定的任何几项或一项义务的,在发生本保险条款第四条约定的保险事故时,保险人在赔偿时实行10%的免赔率。被保险人未履行上述第二十二条约定的义务每超过一个月的,保险人增加3%的免赔率,如同时违反前款规定,累计免赔率不超过 70%"。①

9.2.3.3 新车贷险实务操作注意事项

(1)选取适当的费率,并在产品中尽量纳入更多的服务与功能,以换取客户的接受程度。如在产品中提供车辆定位管理服务,替代购买商业盗抢险的功能,车贷逾期赔偿功能,行车记录仪功能等,且其价格不过于高于同类车辆相同年限盗抢险保费或保证保险的保费,以提高性价比。

(2)汽车消费贷款金融公司把加装该类产品作为贷款审批的加分项,或并入某些产品利率中,争取贷款业务发展与风险防控的平衡,同时也能帮助汽车经销店增加车辆销售。

(3)设立适当激励机制,促使经销店及其销售人员乐于向购车客户推介该类产品。

(4)保险公司本着财险不足额赔偿的原则,就逾期还款赔偿内容范围条件进行限定,并设定最高赔偿限额的方法,以避免过高的赔付率,维持该保险产品的良性运转。

(5)保险公司、设备商、金融公司建立共赢的合作模式,充分利用后者在定位、风险控制与逾期催收方面的优势,降低保险事件的发生比率和赔付金额。如保险公司可采取通过委托汽车金融公司代为向已赔付出险逾期客户追偿,根据金融公司的赔款坏账比率(保险理赔总金额/已投保坏账核销总金额,该指标可以说明赔付风险和坏账催收能力)来分配已投保坏账催收追偿收益,保险公司根据获得的追偿收益后恢复累计最高赔偿限额等合作方式,督促金融公司针对已赔付出险逾期客户的催收工作。

如保险公司、汽车金融公司通过以定位设备失效比例和定位

---

① 中国大地财产保险股份有限公司《个人汽车消费贷款履约保证保险条款》和《个人汽车消费贷款履约保证保险基准费率表》;中国人民财产保险股份有限公司《自用汽车消费贷款保证保险条款》;安邦财产保险股份有限公司《个人汽车消费贷款履约保证保险条款安邦(审批)〔2009〕N1 号》。

精确度等指标因素来确定产品责任险保费和定位服务费用,或者设定相应的激励机制,可以督促定位设备商不断提高设备质量与服务水平,来避免和减少出险比例或未偿损失。

9.3 呆账核销损失抵税

作为贷款人的金融机构在向借款人放款后,即便穷尽各种催收手段,还是难免会出现一定比例的无法回收的坏账,按照税法的相关规定,这些实际发生的坏账可以抵减应纳税所得额,故金融机构通过规定的操作,可以增加税前损失扣除,降低企业所得税税额,最终使企业税负降低而获益。

9.3.1 法律依据

2008年1月1日起实施的《企业所得税法》中规定:第四条企业所得税的税率为25%;第八条企业实际发生的与取得收入有关的、合理的支出,包括成本、费用、税金、损失和其他支出,准予在计算应纳税所得额时扣除。"呆账核销损失"就是上面所指的"损失",故可抵减应纳税所得额。

以上规定是呆账核销损失抵税的基本规定,以下是相对具体的实施条例和管理办法:2008年1月1日起施行的《企业所得税法实施条例》中规定:第三十二条企业所得税法第八条所称损失,是指企业在生产经营活动中发生的固定资产和存货的盘亏、毁损、报废损失,转让财产损失,呆账损失,坏账损失,自然灾害等不可抗力因素造成的损失以及其他损失。

财税〔2009〕57号《财政部国家税务总局关于企业资产损失税前扣除政策的通知》、2011年国家税务总局公告第25号发布的《企业资产损失所得税税前扣除管理办法》中相关的类似规定。

《金融企业呆账核销管理办法(2013年修订版)》(财金〔2013〕146号)中规定的呆账核销条件和呆账核销程序。

具体到各个地方,当地税务机关往往有根据上述法规、办法制定的规范性文件,如上海市有沪国税所〔2011〕101号关于印发《上海市企业资产损失所得税税前扣除申报事项操作规程(试行)》的通知。

9.3.2 成本收益

9.3.2.1 成本

(1)获得法院裁判文书的诉讼受理费、公告费、执行相关费用(多数法院无先行费用)、诉讼代理费等。

(2)不良债权转让的相关费用,如招投标费用、评估费、拍卖佣金、代理费、公告费等。

(3)税务申报代理费用等。

9.3.2.2 收益

收益为呆账核销损失金额的25%。

相对于呆账核销损失金额25%的收益,成本相对较少,一般不会超过呆账核销损失金额的5%,故其间的收益还是十分可观的。

9.3.3 实务操作

根据国家制定的有关规定,汽车金融公司用于抵减企业所得税的零售金融业务呆账核销最常见类型为:

(1)逾期借款人和担保人被起诉并强制执行后,仍无法回收的债权;

(2)因逾期借款人和担保人主体资格不符或消亡等原因,被法院裁定驳回起诉或裁定免除(包括部分免除)借款人和担保人责任的;

(3)不良贷款债权转让产生差价损失的。

催收工作中值得注意的是:

(1)《企业所得税法实施条例》中规定:第三十二条企业已经作为损失处理的资产,在以后纳税年度又全部收回或者部分收回

时,应当计入当期收入;

（2）《企业资产损失所得税税前扣除管理办法》中规定:第五条企业发生的资产损失,应按规定的程序和要求向主管税务机关申报后方能在税前扣除;第六条企业以前年度发生的资产损失未能在当年税前扣除的,可以按照本办法的规定,向税务机关说明并进行专项申报扣除。其中,属于实际资产损失,准予追补至该项损失发生年度扣除,其追补确认期限一般不得超过五年。

9.4 回收抵押车辆出租

9.4.1 法律与合同依据

控制回收抵押车辆是汽车金融公司的重要催收手段之一。汽车金融公司将被控制回收的抵押车辆进行出租,收益用于冲抵拖欠款项是否符合法律规定与合同约定呢？其中涉及的抵押车辆多为登记在自然人名下的家用车辆,车辆使用性质多为非营运。

首先,从实际市场环境来讲,近年来借助"互联网+"的租车公司如雨后春笋般出现,并已初步形成一定规模与行业集中度,如PP租车、凹凸租车、宝驾租车系该行业的三强,他们的运营模式为租赁车辆的轻资产+,均系采用挂靠在互联网租车平台下的私人非营运车辆来开展业务。

其次,从国家政策法规来讲,国家法律并不禁止将个人闲置车辆进行租赁,相反这正是目前国家鼓励扶持的共享经济模式的具体表现。2016年3月1日,由国家发展改革委员会等10个部门制定的《关于促进绿色消费的指导意见》提出:"支持发展共享经济,鼓励个人闲置资源有效利用,有序发展网络预约拼车、自有车辆租赁、民宿出租、旧物交换利用等,创新监管方式,完善信用体系。"可见,就自有车辆租赁,国家在政策上明确表示鼓励支持。

最后,以租赁方式处理逾期抵押车辆也符合合同约定。汽车金融公司的贷款抵押合同中多会与借款购车客户约定,如客户逾期,金融公司将按合同约定控制回收车辆,并有权以合法方式处置车辆。可见,将逾期抵押车辆进行租赁并不违背双方合同约定。

综上可见,汽车金融公司将被控制回收的抵押车辆进行出租,收益用于冲抵拖欠款项的做法并不违反国家法律规定与双方合同约定。

9.4.2 风险收益

9.4.2.1 风险

(1) 车主就租车提出禁止或反悔引发的相关问题。虽然按照合同约定,金融公司有权以合法方式处置车辆(包括出租车辆),但肯定会有贷款逾期客户对金融公司租车行为提出异议,即便事先同意的客户也可能就租赁价格、租赁期间、承租使用规定等情况提出异议甚至反悔,导致回收车辆租赁业务的不稳定,并易引发争议。

(2) 因车主拖欠其他债务引发的车辆被保全问题。因拖欠汽车贷款而被回收抵押车辆的客户往往经济状况较为恶化,除拖欠金融公司的汽车贷款外,往往还会拖欠他人(含其他组织、企业)的借款,而出现贷款车辆被他人或法院采取查封扣押等保全措施的情况,导致租赁无法继续,甚至引发租客投诉索赔。

(3) 因车辆出租期间出现各类事故及过度使用折旧引发的问题。

(4) 因租客违约,甚至违法犯罪引发的问题。在租车行业常见租客违约和违法犯罪,较多的有违反约定(超行驶范围、超里程)使用车辆、延迟还车等,其中最严重的是人车失踪的情况。

人车失踪常见的方式为由此前征信较好、无犯罪记录的人员(多为招聘的"枪手")骗租车辆,在相对不易被监控的时间(如凌晨)、地点(如外地),拆除或屏蔽车辆定位装置,伪造相关车辆牌照手续后,将租赁车辆质押或转卖他人,甚至通过拆解售卖配件

(针对高档车)的方式非法获利。骗租车辆案件多为事前有预谋，且采用团伙分工协作、系统化、产业化、隐蔽性强的非法手段，事前很难识别预防，事后即使报警，也存在立案难(警方会以经济纠纷为由拒绝)、破案追赃难、处理周期长的问题，很难挽回损失。

由于上述行为从法律上讲属于诈骗的犯罪行为，不属于保险盗抢险理赔的范围，而属于责任免除情形，故也不能获得保险理赔款来弥补损失。①

(5) 与租车平台或托管公司发生的纠纷。金融公司或个人在出租车辆时，由于缺乏管理经验和客源，往往会倾向将车辆挂靠在租车公司或托管给租车公司进行出租，如相关责任划分约定不明、风险揭示不足够或就免责条款没有足够说明充分提示，往往会引发争议与纠纷。

尤其是发生车辆被诈骗的情况后，双方极易引发纠纷冲突。此类案件中，车主往往怀着"跑了和尚，跑不了庙"的心态，认为既然是通过租车平台促成的租车交易，平台就应对其损失负责赔偿，而租车平台则认为其仅为租赁双方提供居间(中介)服务，并非真正的侵权者，无须承担责任或仅需承担少量的补偿责任即可。

9.4.2.2 收益

(1) 有效节省或弥补车辆管理费用支出。汽车金融公司在控制回收贷款车辆后，往往不会立即处置车辆，而是会给贷款购车逾期客户留下一段宽限赎回期，即使客户明确表示放弃赎回，金融公司通过债权转让、法院司法拍卖等方式处置控制回收车辆往往也需要较长的时间，这势必会造成金融公司库存积压回收车辆，并承担巨额的车辆维护、存放等管理费用。如出租回收抵押车辆，则可较大程度上节省停车费，其他维护管理费用也可从租车收益中获

---

① 中国人民财产保险股份有限公司"直通车"机动车保险条款，责任免除第十条被保险机动车的下列损失和费用，保险人不负责赔偿：(十一)被保险机动车被诈骗造成的损失；(十二)被保险人因民事、经济纠纷而导致被保险机动车被抢劫、抢夺。

得补偿。

（2）减少因车辆长期停放造成的加速老化贬值损失。如果被控制车辆长期停驶存放，怠于维修保养，势必会造成抵押车辆加速老化贬值，抵押价值下降，这不但是车主的损失，也会是金融公司的损失。如出租回收抵押车辆，保持车辆适当运行，租赁收益用于车辆维修保养，必将减少相关损失。

（3）转移车辆保管中诸如盗抢、毁损、灭失等相关风险责任。汽车金融公司在控制回收贷款车辆期间，还需承担诸如盗抢、毁损、灭失等相关风险。如出租回收抵押车辆，则可将上述风险转由租客、保险公司（租客购买保险产品）或者托管方来承担。

（4）获得租赁收益冲抵贷款。出租回收抵押车辆的租金，在支付保险费、车辆维修保养费用、各类管理费之后，往往还会有一定盈余，以这些盈余来充抵借款人的逾期应还款项，会形成双方共赢局面，利于减少纠纷的发生。

9.4.3 实务操作

（1）征得车主的书面同意在贷款客户逾期后，金融公司可重新与客户签订专门协议，约定一旦达到一定条件，如逾期时间、金额条件，金融公司有权回收车辆并有权将车辆进行租赁取得收益，以减少后续纠纷的发生概率。

（2）注意约定或设定租赁起止时间或条件。金融公司应注意与借款人(车主)、租客、托管公司约定租赁的起止时间或条件，如车辆一旦被法院查封即自行终止租赁等。

（3）可与专业租车公司合作。金融公司无车辆租赁方面的管理经验，可与专业租车公司合作，采取固定收益托管方式来出租回收车辆。

（4）注意约定租赁期间风险归属。金融公司应根据实际情况，约定风险的承担方，原则上是谁控制车辆谁承担风险（托管时由受托方承担）。

（5）积极采取组合措施进行风险防控或风险分散转移。金融公司和受托方可以采取加装定位监控产品，涂装明显标示，或购买相关保险产品等组合措施来防控或转移风险。如可参照嘉车宝产品模式，设计一款定位＋盗抢险＋责任险（发生租赁诈骗损失赔偿）的产品，来转移分散风险，保障各方权益。

9.5 公安部门协助查找失信被执行人和控制查封车辆

9.5.1 法律背景

2010年7月7日，中央18部委《关于印发〈关于建立和完善执行联动机制若干问题的意见〉的通知》（法发〔2010〕15号）发布，该意见规定如纪检监察机关、组织人事部门、新闻宣传部门、综合治理部门、检察机关、公安机关、政府法制部门、民政部门、发展和改革部门、司法行政部门、国土资源管理部门、住房和城乡建设管理部门、人民银行、银行业监管部门、证券监管部门、税务机关、工商行政管理部门有义务协助法院开展执行工作，主要目的在于协调人民法院与执行工作中可能涉及的各部门之间的关系，使法院能顺利进行执行工作。

随着近年国内信息数据化、网络化建设不断完善，最高人民法院分别与其他部门合作尝试采取各种新的执行措施，如根据最高人民法院与银保监会联合下发的《人民法院、银行业金融机构网络执行查控工作规范》，人民法院可以通过专线或金融网络等方式与金融机构进行网络连接，直接对被执行人的银行账户、银行卡、存款及其他金融资产采取查询、冻结、扣划等执行措施。最高人民法院和公安部联合下发了《关于建立快速查询信息共享及网络执行查控协作工作机制的意见》（以下简称《意见》），明确提出两部门通过专线建立信息共享平台，针对失信被执行人，公安部会协助人民法院实现网络查询被执行人身份、车辆、住宿、出入境证件信息并协助查找下落不明的人及车辆,限制被执行人出入境,并且公安机关在日常执勤执法过程中将大力配合人民法院积极协助查找"老赖"和车辆,一旦发现即扣押并及时通知人民法院。该意见如能广泛实施,将能在很大程度上解决执行工作中"查人找物难"的问题,提高执行效率和效果。对于以抵押贷款车辆为主要风险防控措施的金融公司来讲,其利好意义不言而喻。

9.5.2 SWOT 分析

新颁《意见》推广使用后,公安部门协助法院查找失信被执行人和控制查封车辆可以成为各大金融公司考虑尝试推行的新项目。下面列出 SWOT 分析如下(图9-1):

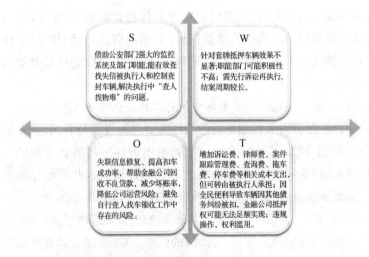

图 9-1 公安协查人车 SWOT 分析

9.5.3 结论与对策

根据 SWOT 分析,如资产保全行业能妥善减少劣势与风险,充分发挥其优势与机会,势必会大为受益,甚至可能引发资产保全业务流程、内部架构的变革浪潮。为抢得先机,充分享受政策红利,汽车金融公司应提前做好以下工作。

9.5.3.1 加大诉讼、执行投入力度

《意见》针对的是失信被执行人,先行诉讼和执行是享受政策红利的前置条件,故汽车金融公司应在这方面加大投入力度。

9.5.3.2 注意风险防控,必要时提前诉讼执行

为避免客户因其他债务纠纷被公安部门配合法院查封扣押车辆,影响汽车金融公司抵押权的顺利实现,金融公司资产保全部门应密切关注逾期借款人,如逾期借款人有类似法律风险存在,迅速提前诉讼、执行,抢先查封扣押抵押车辆,以争取主动权。

9.5.3.3 主动修复失联被执行人相关信息

金融公司不能一味坐等公安部门协助法院执行,而应积极利用新政规定与法院、公安部门在业务上保持良好互动,相互配合,取得失联被执行人的相关最新信息(如新的联系电话、住址、工作单位等情况),积极与被执行人取得联系,运用法律的权威督促其履行债务。

9.5.3.4 为法院、公安部门执行工作提供资源及垫付费用

法院、公安机关控制车辆的工作需要各种资源与费用,如车辆开锁、控制、维保、运输、保管、评估、拍卖等环节都需要专业的人员、设备、场地和费用,金融公司主动充分地做好这些后勤保障工作,是保证法院、公安机关高效执行必不可少的前提条件。

9.5.3.5 加强资产保全人员法律培训,提高法律事务处理能力

为较好地配合法院、公安部门的工作,汽车金融公司资产保全人员需有较强的法律事务处理能力,故金融公司需加强资产保全人员特别是各地现场催收人员的法律培训工作。

9.5.3.6 注意合规操作,避免权力滥用

汽车金融公司工作人员要依法合规,与国家政府部门合作催收被执行人时,要杜绝商业贿赂等违法犯罪情形;还应注意保护被执行人隐私等合法权益,避免权利滥用,出现过激催收行为,引发法律纠纷。

9.6 直接实现担保物权

9.6.1 法律背景

2013年新修改的《民事诉讼法》第十五章特别程序第七节实现担保物权案件的相关法条及2015年出台的《最高人民法院关于适用〈中华人民共和国民事诉讼法〉的解释》的相关规定,让基层法院在推行直接实现担保物权过程中有法可循。

何为直接实现担保物权?即不通过常规的起诉—判决—执行流程,而是直接通过特别程序向法院申请实现担保物权,法院在做出准许裁定后担保权人即可申请强制执行。这大大缩短了诉讼周期,提高了实现担保物权的效率。对批量处理贷款抵押合同纠纷案件的金融公司而言,直接实现担保物权意味着不再需要通过烦琐的正常诉讼或再转公告诉讼的流程起诉逾期客户,法院只要针对直接实现担保物权的申请做出准许裁定,金融公司即可凭借裁定书向法院申请强制执行。

直接实现担保物权适用的前提有三:首先,确已设定担保物权;其次,对债务本身不存在实质性争议(部分实质性争议可适用);最后,债务人不履行到期债务或发生当事人约定的实现担保物权的情形(两者择一即可成立)。申请人在条件成立时,向担保财产所在地或者担保物权登记地的基层人民法院提交申请。递交材料应包括申请书(申请书需写明申请人、被申请人、申请请求、事实及理由等)、双方签订的合同、担保物权的登记凭证(如有)、债务履行期届满或发生当事人约定的实现担保物权情形的证据等。

法院根据申请人提交的申请视具体情况做出准许或驳回裁定。若民事权益实体争议过大、合同效力难以确定或申请人主动请求撤回申请时,法院一般会裁定驳回特殊程序并告知利害关系人按正常诉讼程序起诉。申请人于法院做出的驳回裁定不服的,可向有管辖权的人民法院提起诉讼。

在2015年《最高人民法院关于适用〈中华人民共和国民事诉讼法〉的解释》生效前,直接实现担保物权新规的缺点显而易见——经不起争议。当事人一提异议法院即做出裁定驳回直接实现担保物权的申请,即使被申请人仅是笼统提出异议并未提供确切证据证明。法院如此谨慎倒也无可厚非,毕竟当时最高院尚未出台司法解释指导此类案件的处理方式,故2013年新《民事诉讼法》颁布后直接实现担保物权的成功案例极少。2015年颁布的新解释则明确法院应受理实质性争议,有部分实质性争议的,可就无争议部分裁定准许拍卖、变卖担保财产。实际上,金融借款合同纠纷种类虽繁复多变,但金融公司和贷款人之间的借贷纠纷事实清楚,法律关系也相对清晰简单,故若能针对此类借贷纠纷案件推行直接实现担保物权的特殊程序,无疑会给采用批量诉讼逾期客户模式的金融公司带来方便。

目前,已逐渐有基层法院推行直接实现担保物权的特别程序,重庆高院和浙江高院针对实现担保物权特别程序的若干问题也出具了专门的解答意见。从目前情况来看,法院出于谨慎考虑大多建议通过常规诉讼的方式解决争议。随着《最高人民法院关于适用〈中华人民共和国民事诉讼法〉的解释》的出台及法律法规的逐步完善,直接实现担保物权程序将是大势所趋。

9.6.2 实务操作

(1)目的:通过申请直接变卖、拍卖抵押车辆收回逾期客户拖欠款项。缩短诉讼时间,为金融公司的贷后催讨提供新思路。

(2)针对的客户群:① 目前已推行直接实现担保物权特别程序的法院管辖区域的逾期客户。② 可联客户(为避免因法律文书无法送达被申请人而导致法院不愿出具准许裁定的情形发生)。③ 抵押车辆已被金融公司控制或虽未被控制但车辆行踪明确的客户(方便后续执行)。④ 明确表示放弃抵押车辆的客户(降低争议概率)。⑤合同已到期的客户(即贷款期限已满)或合同未到期的目前可联的逾期客户(贷款抵押合同需明确约定金融公司在逾期客户发生违约事件时有权宣布贷款合同提前到期)。⑥排除涉刑事案件客户、资产证券化客户、多重抵押客户、有保证人的客户(筛除案情复杂、易发生争议逾期客户,提高成功率)。

(3) 受理法院:抵押车辆所在地或抵押车辆登记地所在的基层人民法院。

(4) 注意事项:① 证据材料必要充足真实准确。为避免法院认定申请人提交的证据不能证明担保物权,汽车金融公司除了贷款抵押合同外,还应提供金融公司内部催收记录、扣款记录、逾期客户个人征信记录等证明材料。② 诉求简单直接。为避免被申请人对欠款金额有异议导致法院出具驳回或终结裁定,汽车金融公司在试点阶段可只向逾期客户主张本金和利息,这样简单直接的诉求便于通过受诉法院的审查,也降低了因主张逾期利息或其他杂费而引发被申请人(逾期借款人)异议的可能性。③ 与有经验者合作。为确保这一特别程序诉讼的顺利实现,避免因不熟悉当地诉讼环境或司法资源紧缺而造成的障碍,在初期试点时可委托当地有成功经验且较有影响力的律师事务所来具体实施相关工作。

9.7 外包人员驻场电催

9.7.1 背景及原因

金融公司催收部门在日常运营中,往往会出现业务量骤增、人员突然流失、突发群体事件造成业绩大幅波动等情况,上述情况会导致临时性的人力紧缺,特别是电催人员的短缺,给催收业绩控制带来严峻挑战。快速临时性地招聘短缺的催收人员往往成本过高,或违反人事制度,而采用人力外包驻场的方式可以作为一种临时应对方式。

9.7.2 人力外包驻场催收的优劣分析

9.7.2.1 外包优点

(1) 资产保全部门在人员增减调配方面可以增加灵活性,不受劳动合同关系问题的限制,对于人头预算控制很严的公司尤其必要。

(2) 可同时引进几家外包商的人员驻场,外包人员之间、外包人员与公司员工之间可以形成相互对标和竞争,一方面有利于良好工作方式的相互学习和业绩的提高,另一方面也有助于合理的催收业绩指标的形成。

(3) 外包人员相对于自有员工无带薪休假、年终奖金、各类缴金缴费等福利,其工作成绩评价和报酬体系以回收款项成绩为导向,一般可以降低人力资源综合管理成本,提高经营绩效。

(4) 有利于留住优秀员工,降低核心员工流失率。通过将一些基础、繁杂、劳动力密集的催收业务外包,可以将优秀员工的工作重点转移到培训、组织、管理方面来,满足核心员工自我提升和晋级的需求,提高核心员工的满意度,降低因核心员工流失给企业造成的损失。

9.7.2.2 外包缺点

(1) 外包可能存在安全稳定性问题。涉及金融公司核心商业机密、业务信息、业务网络安全的岗位,考虑到安全问题,可不采用人力外包;另外由于外包商相对严格的绩效薪酬体系和相对苛刻的管理措施及外包商自身经营状况变动的原因,可能导致其外包驻场人员流动性较大,人员稳定性较差。

(2) 企业对外包商的可控性差。相对于自有员工,汽车金融公司对外包商及其驻场人员的可控性较差。在外包过程中,受托外包服务人员或外包服务商可能会对委托方隐瞒部分信息(如只报喜不报忧,只顾眼前利益,忽视隐瞒后续法律风险问题等),若委托方在筛选外包服务商及驻场人员上不够仔细、慎重,缺乏经验或管理不到位,外包人员容易出现服务能力弱、工作不尽力、服务态度差,甚至存在违法违规的问题,给委托方带来极为不利的影响。

(3) 外包人员与企业员工的竞争冲突。外包驻场人员的引进势必会与企业自有员工在工作中发生竞争,如在工作任务分配、薪资待遇、激励机制方面妥善引导可以促进工作效率,处理不当,则容易影响工作情绪,挫伤工作热情,甚至导致矛盾和冲突,使得企业的经营效率下降。

(4) 企业文化与工作方法的差异冲突。由于委托方与受托方系两家不同的企业,难免在企业理念、员工价值观、行为规范上存在差异,如在合作过程中双方员工不能很好地相互适应与融合,容易引发双方的冲突,造成工作质量与效率下降。

9.7.3 外包人员管理

9.7.3.1 谨慎选择外包供应商,对外包驻场人员保留审查更换权利

金融公司在选择合作外包商时,应选择具有一定规模和实力,并且本身催收业务较为成熟的供应商;选择驻场外包人员时,注意挑选具有足够能力胜任委托工作的人员,并保留更换的权利,避免自己沦为外包供应商培训新人的实习基地或落后淘汰人员的收容所。

9.7.3.2 佣金报酬以催收回收金额为主要考核指标

为避免"买人头"后发生"出工不出力"的情况,委托方与外包商之间的佣金报酬应以催收回收金额为主要考核指标,即有回收才有报酬,无回收则无报酬。

9.7.3.3 合理设定回收佣金比例

外包驻场人员工作内容与金融公司自有员工的工作内容类似,处理的某逾期时段客户相对于普通非驻场外包催收的逾期客户更加"新鲜"、可联,一般未经特地筛选,整体质量较好,并且金

融公司还要提供办公场所、办公设备及相关催收资源,故不能按照普通非驻场外包催收的市场价格来确定催收回收佣金比例,而应主要结合金融公司自身各逾期阶段催收业务的费效情况,并参考市场行情来确定佣金比例。

9.7.3.4 重视外包驻场人员的培训,建立辅导制度

委托企业应重视外包驻场人员的培训工作,以帮助其尽快熟悉并融入委托企业,更好提高成绩,必要时可指定自有员工作为外包驻场人员的辅导员,对其工作进行帮助、指导、管理和监督。

9.7.3.5 选择合适逾期阶段进行外包,双方人员搭配使用

金融公司应根据各逾期阶段催收任务的轻重缓急,对外包人员和自有人员进行合理搭配使用,一方面可以相互学习促进,另一方面预防因任何一方人员出现突发变动时而给催收业务带来过大的不利冲击。

9.7.3.6 外包合作合同中要有保密、追责条款

为避免外包驻场人员泄露委托企业商业秘密,甚至违法、违规、违纪问题,委托企业应在双方合作合同中就相关事宜及其常见问题进行明确约定,并对驻场人员进行培训教育,以警示预防,发生不良事件时也便于处理。

9.8 "互联网+"对催收行业的影响

9.8.1 红利

(1)"互联网+"趋势下,各类信贷新模式层出不穷,信贷总量激增,不良贷款余额和比例随之增加,催收业务需求持续增长。

(2)"互联网+"趋势下,借款人的金融经济活动更加透明,前期征信更加容易、准确,增加了征信欺诈的难度。

(3)"互联网+"趋势下,失联失信借款人的联系信息更易修复,使得失信人更难隐身。

(4)"互联网+"趋势下,失信借款人银行账户、股票、房产、车辆等信息的联网共享,使得失信人更加难以藏匿财产。

(5)"互联网+"趋势下,针对失信借款人的创新的催收方式,如全民找人找车的悬赏和众筹等也将更丰富。浦发银行在2015年4月推出的全民催收大会战行动,向社会公众征集严重逾期客户的现有有效联系方式就是一个例子。

(6)"互联网+"趋势下,司法机关的强制力更易高效地发挥效果,失信借款人在社会生活各方面越来越寸步难行。

9.8.2 挑战

9.8.2.1 短期极度繁荣之后归于寂静,但行业不会消亡而是升级

前些年,国内金融行业在"互联网+"的刺激推动下,各类创新型金融信贷模式(P2P等)如雨后春笋般层出不穷,加之量化宽松的世界大背景,信贷审批政策之宽松也前所未有,贷款余额大幅度激增。但当潮水退去时,我们才发现谁在裸泳,随着国家对金融行业的整治,总体信贷规模的紧缩,随之而来的是金融行业整体坏账率与坏账金额大幅度攀升。

上述情形,给催收行业带来了重大机遇,整个行业前些年极度繁荣,催收从业人员的紧俏难求,行业内有目共睹,伴随而生的甚至还有种种乱象。但随着近些年国家扫黑除恶对非法违规催收的打击,以往许多常用催收方法受到诸多限制,众多催收公司或转型或歇业,人员离开,行业进入寒冬,不禁让人心生忧虑:催收行业会消亡吗?

短期来看,前期信贷宽松所带来的坏账率与坏账金额大幅度攀升,而对于这些不良债务,已不可能像九十年代末为处理四大行的不良资产而对其不良债务采取政策定价整体剥离的方式了,而是需要各家机构自行消化,故整体上对催收行业的需求会大幅度上升,尤其是依法合规的催收。

长期来看,"互联网+"及大数据分析,只能准确地总结过去(如客户以往征信记录),概略地预测未来大趋势;但对于一个个具体的贷款客户个体的未来(放款后的还款情况)而言,其预见的可能性和准确性十分有限。其原因是无论贷款客户是自然人还是企业,自身都有太多无法预测的非理性和偶然性因素存在,尤其是其中复杂多变的人性,能看准的概率又有多少?这就是为什么经过再科学、再严格的信贷审批之后放款的客户还是会有逾期情况的出现,并且随着金融行业的发展,整体信贷规模的增大,逾期总额、逾期客户数量也会随之增大,金融行业对催收的需求依然存在,甚至更加旺盛。

在市场需求依然存在,甚至更加旺盛的情况下,面对行业整治、金融科技进步的挑战,催收行业不会走向消亡,而是要实现转型升级。

9.8.2.2 催收行业面临产业转型升级,从业人员素质要求提高

由于金融行业的变化,为金融行业服务的催收行业也面临着产业转型升级的要求,催收行业应更加注意守法合规,由目前相对粗放、分散,以人力催收(电催、现场催收)为主向未来更加精细、集中,以系统自动催收为主(以处理的工作量来衡量主辅),人力处理少量疑难、复杂、高价值、高风险的案件为辅的方向逐步过渡。

这就对催收从业人员的素质提出了更高的要求,催收人员应:① 懂人情、知世故、会沟通(情商高,用于复杂客户沟通);② 善网络、懂金融、会法律、知市场、明经营(知识面广,能灵活用各种法律、"互联网+"的催收工具来应对个人或企业逾期客户);③ 状元才、英雄胆,文武兼备,内心强大,抗挫折,能处理疑难复杂紧急的案件,避免局面失控。

第十章

法催数据分析

对于设立了法催岗或有类似职能的金融公司来说,对法催工作效果的考核评价也应实现数据化。对法催投入产出、诉讼执行效果等问题进行分析,可帮助公司决策层有效评估法催岗的全年工作业绩,并根据考核成绩调整法催岗位的资源投入力度,优化诉讼执行流程。

本章所称的常规诉讼是指,金融公司作为原告,以催收为目的,主动向法院提出的将汽车零售金融借款人(含共同借款人)和保证人(如有)作为被告的诉讼行为;所称的法院强制执行是指,金融公司进行常规诉讼后所获得的生效法律文书(判决书、调解书),申请法院执行部门进行强制执行。

本章用到的所有数据均为虚构,并且有用同组数据进行不同分析的情况,不同分析结论之间并无关联,仅供方便说明分析方法。

10.1 法催人员基本绩效考核指标

10.1.1 立案、判决及执行量

10.1.1.1 诉讼立案量

对于主要以处理逾期零售贷款客户为主的金融公司法催人员来说,由于单笔逾期金额较低(一般在几万元),故对案件数量的要求就较高。立案量越多,判决量才可能越多,更多的判决量意味

着金融公司更多的合法债权能得到法律保护。立案量直接关系着后续的执行量、诉讼回款及执行回款金额,故立案量是考核金融公司法催岗的最基本指标。

对批量起诉逾期客户的金融公司而言,立案量是指准备好完整的起诉材料后向法院正式递交且被法院受理的案件量,批量起诉材料一般以月为单位向法院递送。

实际操作中立案量往往受限于金融公司的规模、逾期客户数量、法催岗人员配置、当地司法环境等诸多因素,且因受自身业务波动及法院立案排期的影响,而出现较大的月度/季度波动,故针对立案量考核,可以根据各公司自身情况将年度立案量作为具体考核指标。

10.1.1.2 判决量

与立案量相对应的是判决量,判决量多虽意味着后续执行量及执行回款金额增加,但因影响常规诉讼胜诉的原因众多(如判决前客户结清、传票未有效送达、证据存疑或协商撤诉等),作为金融借款合同纠纷原告的金融公司并非一定能拿到胜诉判决,有众多立案案件因各种原因而采取撤诉处理。由于对撤诉原因法催人员多半无法左右,继而对判决量也无法控制,故将判决量作为考核法催岗工作绩效的参考指标,更能客观反映岗位工作强度的立案量指标。

10.1.1.3 执行立案量

执行量以法院受理执行申请量为计量标准,这与判决量多少有关。一般而言,法催人员在判决文书生效后,申请强制执行前会筛除已结清或与金融公司达成分期还款协议并按期履行的案件后,再将剩余的案件委托法院执行。鉴于汽车金融案件,法院执行成功的概率在业内相对稳定,且法催人员也很难施加影响,故执行立案量成为影响执行回款金额的重要因素,也成为考核法催岗工作业绩的重要指标。

10.1.2 通过法律手段全年收回的款额

法催岗通过法律手段全年收回的款额主要包括常规诉讼诉后回款、债权申报回款和执行回款三种回款方式。

10.1.2.1 常规诉讼诉后回款

该项指标考核的是诉讼效果,即反映逾期客户被起诉后的还款情况。计算方法为统计被诉逾期客户在诉后三个月内的回款情况(诉后几个月内的回款视为法催岗成绩可由金融公司自行评估决定),诉讼客户回款情况可与诉后三个月内金融公司所有的零售扣款及汇款相匹配,通过函数筛选获得需要的数据。

由于很多金融公司会对 M2 阶段以后的逾期客户提起诉讼,而金融公司对 M2~M4 阶段的逾期客户在催收管理上一般不会单由法催人员跟进,而是采取由电催、现场、法催并行的催收管理措施,因此,就诉后回款很难区分电话催收、现场催收、诉讼催收、客户自愿等各种因素的权重,可将该指标以协助催收回款之名来考核法务催收团队的诉讼效果。

10.1.2.2 债权申报回款

债权申报回款是指贷款客户因与第三方民事纠纷或涉及刑事案件导致抵押车辆被司法机关查封、扣押,甚至没收时,法催人员通过债权申报文书的方式向司法机关(主要为法院执行部门)申报抵押权优先受偿所获得的金额。

债权申报手段的专业性决定由法催人员接手处理最为妥当。一般说来,抵押物从被查封、扣押到最终变现成功至少耗时半年左右,法催人员在此期间须持续保持跟进以使案件承办人员最终将金融公司享有的抵押权优先受偿款汇入金融公司账户。

法催人员无法决定债权申报的数量,债权申报的理论数量往往由金融公司贷款政策、抵押登记率、贷后逾期率共同决定。贷款政策越宽松、贷后逾期率越高,公司收纳的次级客户就越多,因其他经济纠纷导致抵押车辆被法院查封或扣押的可能性也就越大,而抵押登记是赋予抵押权人享有优先受偿权并就债权申报获得司法机关支持的保证。但实务中，法催人员可以通过各种专业渠道，更充分、更及时地发现债权申报的机会，积极与案件承办人员取得联系，主张公司权利，推进债权申报的进程，帮助公司更快地回收债权，挽回损失。

在督促案件进展的同时，法催人员会凭借专业知识（主要为法律规定、合同约定）向司法机关主张优先受偿权的金额覆盖更广范围（如包含逾期客户未还本金、应付利息及逾期利息等），获得更多回收金额，能更好地协助金融公司挽回损失。

债权申报案件的申报数量、回款金额、回收比例可以反映出法催人员工作的积极主动性和业务专业能力。

10.1.2.3　执行回款

执行回款是指通过常规诉讼流程到执行阶段的法院回款。因完整诉讼流程运转时间长，执行回款速度相对较慢，故初始设立法催岗位或开展逾期客户诉讼业务的金融公司前期考核执行回款金额指标不宜过高。一般待常规诉讼平稳运作一年以上，积累了一批执行案件量并给予法院充足的执行时间（至少需要一年以上）后，金融公司可逐渐增大执行回款的考核指标金额。

10.1.3　通过法律手段实现损失抵税额

通过法律手段实现损失抵税额也即是呆账核销损失抵税，具体包括执行终结案件损失抵税、不良债权转让抵税及裁定驳回案件抵税。对于拿到法院执行终结裁定文书的案件，金融公司能以执行金额的25%向税务局申请损失抵税；不良债权转让案件则能以转让案件账面本金与转让金额之差的25%计提损失抵税；裁定驳回案件抵税是指针对因无明确被告导致法院裁定驳回原告起诉的案件，金融公司原则上可按诉讼金额的25%向税务机关计提损失退税。

目前，前两种抵税模式已经在汽车金融行业被广泛运用，但裁定驳回案件抵税却未被普及，只有少数银行用于信用卡坏账损失抵税。

因抵税材料中涉及债权转让合同、法律文书等,在具体实务操作中,往往需要法催人员介入或承担相关工作,故后续损失抵税的具体工作也需要法催人员参与,主要承担案例筛选、数据整理及申报基本材料的准备工作。

损失抵税的材料准备虽颇为烦琐,且一般需要委托有经验的会计师事务所等专业机构代为向税务机关申报,综合成本较高,但与之相比,每年通过法律手段协助公司全年实现的损失抵税金额大为可观,故金融公司应充分重视抵税业务的开展并可将每年通过法律手段实现的损失抵税额作为法催岗位的考核指标。

10.1.4　全年法律服务培训量

法律法务培训可用场次数量或专题数量来考核成绩,专业培训可针对部门内部或面向整个公司开展。就具体指标而言,视各公司的实际需要、法催人员专业能力,以及法催人员其他工作的饱和度来定。

10.2　法催常规诉讼回款有效性分析

10.2.1　常规诉讼投入背景分析

起诉逾期客户是金融公司寻求司法救济的重要手段,起诉行为都能起到重新起算诉讼时效、延长司法救济时限的效用,进而避免因超过诉讼时效而丧失司法救济胜诉权的情况发生。

金融公司讲究投入产出比和回报率,对法催人员内部考核指标而言,因常规诉讼的回款不能像申请法院执行或债权申报那样可直接用回收金额来衡量;与电话催收或现场催收比较,常规诉讼投入高、周期长、见效慢,这就使得管理层对常规诉讼效果存在质疑,导致其在人员、费用等资源前期投入分配上可能存在犹豫不决,或者没有给予充分的重视,进而不支持法催岗位的常规诉讼业务,更不愿加大常规诉讼的投入。

10.2.2 加大常规诉讼投入力度

(1) 常规诉讼是所有法催工作的起始点与基础,只有做好常规诉讼,才有机会更好地进行债权申报和申请执行,正所谓"不积跬步,无以至千里"。

(2) 汽车金融业界的翘楚上汽通用汽车金融公司(GMAC-SAIC),在常规诉讼上起步很早,在公司开展业务后不久即在诉讼方面积极布局,至今开展常规诉讼已超过10年,高峰期常规诉讼量超过5 000件/年,累计诉讼量巨大,可谓是重视早、投入足。其他多数汽车金融公司,在常规诉讼方面与 GMAC-SAIC 相比尚有较大差距,应奋起急追,加大投入力度。

(3) 在其他催收手段如电话催收、现场催收效果有限或成本高昂,拖车又容易给金融公司带来诸多潜在的法律风险的情况下;法催工作已成为汽车金融公司资产保全的重要手段。

(4) 常规诉讼属于更高强度的催收手段,金融公司根据自身业务特点和需要,应及早开展常规诉讼工作,投入得越早、越充分,获得的收益也会越早、越充分。

10.2.3 常规诉讼投入数据分析支持

10.2.3.1 传票签收客户回款有效性分析

(1) 传票未签收客户 VS 传票签收客户回款金额及回款金额比率对比。只有传票有效送达被告方,金融公司希望通过诉讼实现的催收施压才能有效传递给逾期借款人(含共借人)或其保证人,才有可能产生法律催收效果。传票的签收情况可通过 EMS 官网查询邮递单号获得并予以记录以便后续进行统计分析。

建议传票未签收客户和签收客户的回款金额可直接统计诉后三个月内各自的回款情况(具体将诉后几个月的回款算作诉讼协催成绩可由金融公司自行决定),回款金额比率 = 回款金额/诉讼金额。由于每个月案件差异可能导致的单月回款比率曲线起伏不定,从而无法客观分析结果,可在计算出传票未签收客户 VS 传票签收客户各自单月回款金额比率后再算出三个月平均回款比率,并以平均回款比率作为传票未签收客户和传票签收客户的比率对比(图10-1)。

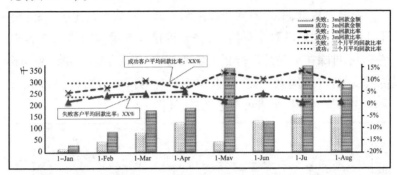

图 10-1　传票未签收客户 VS 签收客户三个月内回款金额及回款比率对比

通过图 10-1,我们可以得出传票签收(成功)客户诉后三个月的回款金额同比远多于传票未签收(失败)客户,同样,传票签收客户的回款比率也高于对比组。

需要注意的是,如果图中某月出现了传票未签收客户的回款金额高于传票签收客户的情形,可能是因为分析样本数量过少导致产生偏差或该月的传票未签收客户的个数大幅度多于传票签收客户数量等特殊原因。

由于样本数量直接关系着分析结果的误差大小,诉讼分析需在每月诉讼量得到基本保证的基础上再进行(建议每月起诉至少在 100 案件量,才能降低因样本不足导致的结果误差);如果是因其他特殊原因导致分析结果异常,则需结合接下来的回款个数及比率综合分析,或对异常月份的案件情况继续深挖,观察当月的诉讼客户逾期期数分布(如传票签收客户大多分布在初期逾期阶段;传票未签收客户大多分布在高逾期阶段)、省份分布等。

(2)传票未签收客户 VS 传票签收客户回款个数及回款个数比率对比。由于大金额还款个案对数据分析的影响,一般而言单独的金额分析不足以充分证明诉讼传票的有效性,金额与数量分析相辅相成,如果分析得出传票签收客户的回款金额和回款数量都占优,则能强有力支持诉讼回收的有效性。同样,回款个数以诉后三个月为统计标准,单月回款个数比率＝单月回款客户数量/单月诉讼客户数量,平均回款个数比率＝单月回款个数比率之和/统计月份量。同样需要注意的是,如果诉讼尚在摸索阶段起诉客户较少,不排除在某些月份传票未签收客户的回款金额和个数高于传票签收客户(同上,因样本数量不够容易产生分析偏差),故取平均比率作为分析结果可参考性最强(图10-2)。

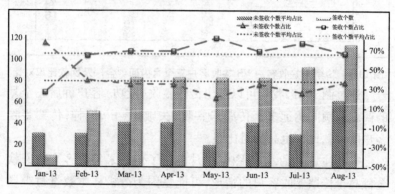

图10-2 传票签收客户 VS 未签收客户3月内回款个数对比

从图10-2可以看出传票签收客户诉后回款个数远高于传票未签收客户,平均回款个数比率也占有很大优势。图中的第一个月出现的异常数据(即传票签收客户诉后回款个数低于传票未签收客户),很有可能也是因为前文分析的原因造成的。

10.2.3.2 诉讼投入产出比分析

下表结合法催人员基本绩效考核指标,列出了法催岗位投入产出具体计算方式(表10-1)。

表 10-1　法催岗位投入产出计算表

投入		产出	
名目	公式	名目	公式
常规诉讼 法院诉讼费	分段计算可参照《诉讼费用缴纳办法》	常规诉讼诉后回款	通过函数筛选诉讼客户的零售汇款/扣款情况
律所外包费	根据双方协议以判决数量结算律师费		
债权申报 0		债权申报回款	抵押权的优先受偿权回款
强制执行 执行申请费	分段计算可参照《诉讼费用缴纳办法》	执行回款	执行案件法院回款
损失抵税 会计师事务所服务费	根据双方协议	执行终结案件损失抵税	申请损失抵税金额 = 执行金额 × 25%
		不良债权转让抵税	申请损失抵税金额 = (案件账面本金 − 转让金额) × 25%
		裁定驳回案件抵税	申请损失抵税金额 = 诉讼金额 × 25%

10.2.3.2.1　投入板块

（1）常规诉讼。① 法院诉讼费。法院诉讼费是指当事人为向人民法院提起诉讼应当缴纳的费用且规定由败诉方承担,而现实是绝大多数逾期客户不会到庭应诉,以致法院最终缺席判决。诉讼费都由汽车金融公司预先垫付,直到被诉客户败诉后主动愿意承担诉讼费或执行阶段法院成功执行到了被执行人财产,垫付的诉讼费才能收回。

根据《诉讼费用缴纳办法》第十三条的规定,财产案件根据诉讼请求的金额或者价额,按照下列比例分段累计缴纳:不超过1万元的,每件缴纳50元;超过1万元至10万元的部分,按照2.5%缴纳;超过10万元至20万元的部分,按照2%缴纳;超过20万元至50万元的部分,按照1.5%缴纳;超过50万元至100万元的部分,按照1%缴纳;超过100万元至200万元的部分,按照0.9%缴纳;

超过 200 万元至 500 万元的部分,按照 0.8% 缴纳;超过 500 万元至 1 000 万元的部分,按照 0.7% 缴纳;超过 1 000 万元至 2 000 万元的部分,按照 0.6% 缴纳;超过 2 000 万元的部分,按照 0.5% 缴纳。

由于汽车金融公司诉讼额多在 10 万~20 万元区间,且案情简单法律事实清楚,法院多采用简易程序审理(简易程序减半收取诉讼费用)。既往诉讼费投入可以金融公司实际支付额为准,决策层若想预测未来的诉讼费投入,可假定单案诉讼金额为 X 元(10 万<X<20 万),则诉讼费 $= 0.5 \times \{2\% \times (X - 100\ 000) + 90\ 000 \times 2.5\% + 50\} = 0.01X + 150$。具体诉讼金额可取往年数据的平均值,单案诉讼费与预估未来诉讼量相乘就能得出未来诉讼费的总投入预估额。

② 律所外包费。常规法律诉讼是否外包由决策层评估决定,故律所外包费并非金融公司的固定支出费用。以三人配置的法催岗为例,在每人还需处理其他法务事宜的前提下只能保证每月 50 件的送案量,若汽车金融公司的常规诉讼业务尚在起步阶段,可由法催人员自行处理常规诉讼相关事宜;由于常规诉讼材料准备工作烦琐单一,待法催团队成熟且诉讼需求逐步扩大时(如每月诉讼量以百计,且岗位内未招聘专职处理常规诉讼的人员),可将常规诉讼外包给律所处理,并以律所每月实际的判决/调解量来计算佣金。

(2)债权申报。债权申报采用直接向车被扣押在外地的法院寄送材料主张金融公司抵押权,等车拍卖后法院再汇款给金融公司,该部分前期投入基本为零(部分案件后期可能需要前往法院办理材料交接和收款手续,故存在差旅费)。

(3)强制执行。执行申请费是指依法向人民法院申请执行人民法院发生法律效力的判决书、调解书时缴纳的费用。《诉讼费用缴纳办法》第十四条明确规定了执行申请费计算方法:执行金额或者价额不超过1万元的,每件缴纳50元;超过1万元至50万元的部分,按照1.5%缴纳;超过50万元至500万元的部分,按照1%缴纳;超过500万元至1 000万元的部分,按照0.5%缴纳;超过1 000万元的部分,按照0.1%缴纳。

由于汽车金融公司的申请执行额多集中在1万~50万元,若依据执行申请费的划分标准测算未来执行费投入,假设被诉客户在诉讼至执行期间未还款,则执行金额大致等于判决金额(预估时可忽略判决至执行期间被告需承担的利息及部分逾期利息),判决金额为X元,单案的执行申请费 = 1.5%(X - 10 000)+ 50 = 1.5% X - 100。

应注意的是,上述执行申请费用缴纳前提是执行成功(即执行到被执行人拖欠申请人的部分或全部款项,以下相同)后才缴纳的,即未执行成功的不缴费(无投入)。

(4)损失抵税。损失抵税项目一般须委托有经验的会计师事务所代为向税务机关申报,根据双方协议,金融公司须支付给会计师事务所服务佣金。但损失抵税项目一般由公司财务部门主导,法催岗位在具体实务操作中介入或承担的多为案例筛选、数据整理及主要申报材料等准备工作。故会计师事务所服务费一般不算为法催岗位支出。

10.2.3.2.2 产出板块

若需测算法催岗的整体投入产出比,可以一年为单位统计投入和产出项下常规诉讼、债权申报、强制执行、损失抵税的合计金额,投入总金额/产出总金额即为投入产出比;若需分别测算常规诉讼、债权申报、强制执行、损失抵税的投入产出比,可依照前表所列横向计算。一般通过测算可以发现法催岗位的投入产出比非常可观,属于低投入高回报的团队。

10.3 如何更有效地进行常规诉讼

通过前面的分析,我们肯定了常规诉讼的有效性,那么如何将有限资源进行分配,以帮助金融公司做到有的放矢,更好地发挥常规诉讼的效果呢?

要解答这个问题,我们首先要考虑的是诉讼的目标,诉讼目标主要有两个:① 通过传票和判决等法律文书给逾期客户以威慑力,促使逾期客户还款,该目标可通过考核回款情况来评价;② 如诉讼不能直接促使客户还款,则通过诉讼获得支持金融公司的生效判决文书,以便为后续执行和损失抵税提供法律依据,该目标可通过考核传票签收情况来评价。

凡是有利于上面两个目标达成的,均可认为能提高常规诉讼效果。

10.3.1 诉讼逾期区间分析——起诉什么逾期阶段的客户

10.3.1.1 传票签收客户起诉时逾期期数分析

通过分析起诉可获知哪个逾期阶段的客户更容易签收传票,并以此调整起诉策略,针对容易签收传票的逾期阶段的客户进行起诉,可以更多地获得判决文书,进而达到更好的诉讼效果。

柱状分层图比较适合分析此类数据,签收传票客户的中位数线能揭示签收传票客户诉讼时逾期期数的集中分布状况。如从下图即可看出常规诉讼客户群中 M3、M4 阶段的逾期客户更倾向于签收传票,如为了更多地获得判决文书,可将诉讼策略调整为倾向针对 M3、M4 逾期阶段的客户进行诉讼(图 10-3)。

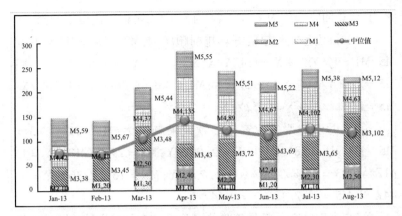

Tip：M0 即正常，M1 即逾期 1~30 天，M2 即逾期 31~60 天，M3 即逾期 61~90 天，M4 即逾期 91~120 天，M5 即逾期 121+，也就是核销客户。

图 10-3　成功签收客户逾期期数分布

10.3.1.2　回款客户（限于传票签收客户）逾期期数分布

传票签收回款客户的逾期期数分布也是采用与传票签收客户诉讼时逾期期数分布相同的分析方法。如果最终分析数据显示回款客户诉讼时逾期期数中位数位于某一逾期期数阶段，则说明传票的震慑力主要集中在该逾期阶段的客户。

通常情况下，对汽车消费信贷逾期客户而言，传票的震慑力主要集中在逾期 M1~M3 的客户，针对 M4 以后的逾期客户传票震慑力大为降低，如为了实现更多回款，建议将诉讼重点放在 M1~M3 的逾期客户群进行诉讼。

结论：结合传票签收客户和回款客户的诉讼时逾期期数分布进行综合考虑，能帮助诉讼管理者有效决策是否需要提前或延后常规诉讼申请时间。

10.3.1.3　诉讼、签收、回款客户占比分析

通过对比诉讼客户 VS 诉后传票签收客户 VS 传票签收后回款客户诉讼时逾期期数分布占比，可以分析出回报率高的诉讼群体。以如下的三层环图的数据为例，设总诉讼数量为 X，总签收数

量为 Y,总回收金额为 Z,X、Y、Z 均为正数,可以得出以下结论:

(1) 诉讼签收效果的好坏排列顺序为:M2 > M4 > M3 > M1 > M5,M1 = 9% Y/8% X = 1.13Y/X;M2 = 18% Y/10% X = 1.80Y/X;M3 = 24% Y/31% X = 1.29Y/X;M4 = 36% Y/26% X = 1.38Y/X;M5 = 13% Y/25% X = 0.52Y/X。

(2) 诉讼传票签收客户回款效果顺序为:M1 > M2 > M3 > M5 > M4,M1 = 18% Z/9% Y = 2.00Z/Y;M2 = 29% Z/18% Y = 1.61Z/Y;M3 = 30% Z/24% Y = 1.25Z/Y;M4 = 16% Z/36% Y = 0.44Z/Y;M5 = 7% Z/13% Y = 0.54Z/Y。

综合来看,M2 是最易签收传票阶段,M1 是最易被传票的震慑力影响而还款的阶段,均属于回报率高的诉讼群体(图 10-4)。

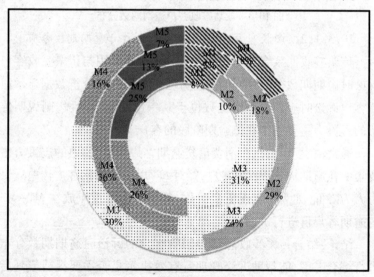

图 10-4 诉讼客户(内)VS 传票签收客户(中)VS 回款客户(外)逾期期数占比

10.3.2 传票签收回款客户类型分析

汽车金融公司的零售贷款客户类型大致分为主借(一人)、主共借(两人)、主担(两人)和主共担(三人)四种模式。了解这四种贷款客户类型在成功签收传票后的回款情况可量化反映诉讼效果最明显的贷款客户类型,针对诉讼效果不显著的客户群可提高电话催收和现场催收的力度,以实现对不同类型逾期客户各施所长地采用不同的催收手段。

从如下分析图,就可看出:

(1)主共借的贷款客户类型的成功签收客户诉讼金额最高,这反映了该汽车金融公司的贷款客户类型以主共借的类型为主,故导致此类型逾期客户数量最多,诉讼量最大。

(2)单人、主共借、三人类型的客户的回款个数比例均较高,说明了此三类客户对法律诉讼催收手段较为敏感。

(3)主共借和三人类型客户的回款金额比例(回款金额/诉讼金额)明显低于单人类型客户,说明该两类客户的还款能力或还款意愿不如单人客户。

(4)一主一担类型客户的诉讼金额、回款金额、回款个数比例、回款金额比例均最低,反映该金融公司此种类型的客户数量最少,该类客户对法律诉讼催收手段的敏感度最差,且还款能力和还款意愿最差。

综上分析,如在诉讼资源有限的情况下,针对该金融公司依次优先诉讼的客户类型顺序为:单人 > 主共 > 三人 > 主担(图10-5)。

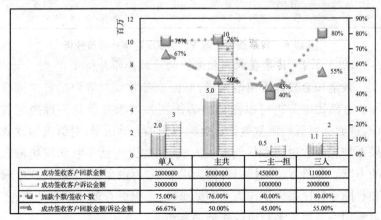

图 10-5　成功签收客户回款类型分析

10.3.3 传票签收/回款客户的地域分析

10.3.3.1 传票签收客户的地域分布分析

汽车金融的业务往往面向全国开展,逾期客户的分布也就相应涉及绝大部分省份。通过对诉讼客户传票签收失败 VS 传票签收成功案件个数的省份分析,可以反映出诉讼客户群的省份分布情况及各省传票签收率分布情况,进而为诉讼的地域调整提供指导。

分析方法为以省份为横坐标,传票签收成功/失败的个数和成功率分别作为主副纵坐标,通过柱状对比与折线图得出结论。如下图,就至少可以分析出从 Q—Z 省,诉讼传票签收情况越来越不理想,尤其是 T 省,诉讼力度大,但对应的传票签收情况却不容乐观,进而建议对 Q 省之后的省份加大逾期客户有效诉讼地址的核查;另外,除了 I 省和 T 省,大多数省份逾期情况分布都较为平均,I 省和 T 省的逾期客户数量超过平均值,是需要金融公司贷后团队重点关注和进行风险预警的地区(图 10-6)。

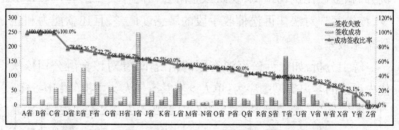

图 10-6 传票签收失败 VS 签收成功案件省份分析

10.3.3.2 传票签收回款客户的地域分布分析

数量和金额分析相辅相成,对传票签收成功客户按省份进行回收金额比率分析可以测算出诉讼回款效果显著及不理想的省份,进而针对诉讼回款效果显著的省份加大诉讼量,对诉讼回款效果不理想的省份加大其他催收方式,如加大电话催收和现场催收的力度。分析方法同样以省份为横坐标,诉讼金额/诉后回款金额和收回金额比率分别作为主副纵坐标,若想更直观地观察结果,还可添加一条回款平均值线作辅助参考。

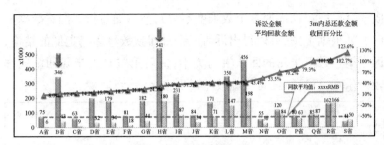

图 10-7 传票签收成功客户按省份的回收比

根据上图,至少可以得出如下信息:

(1) B 省、H 省诉讼力度大但收回比率低,属于诉讼效果不明显的省份;

(2) 回款平均值为××××RMB,结合诉讼收回金额比率分析,两者都低的省份可考虑减少诉讼量;

(3) L 省、M 省、R 省诉讼金额和回款金额都明显超过了平均值,说明这三个省份诉讼需求大且回收比率相对较高,可加大这三省的诉讼力度。

10.3.4 传票签收回款客户的回款时间分析

10.3.4.1 传票签收客户月回款金额、每月回款金额比率分析

传票签收客户月回款金额和每月回款金额比率分析可借鉴前文提到的金额/比率分析模式,通过柱状图分析传票签收客户在诉后三个月内每月的回款额,通过折线图分析每月的回款比率并计算出平均回款比率。此分析可直观展现传票对逾期客户的震慑力主要体现在诉后第几个月。当然,正常情况下,诉后第一个月的回款情况应该最为明显。

10.3.4.2 传票签收客户第一次回款时间分析

根据对诉讼大数据的分析采集,我们也可以测算出逾期客户在被诉后具体精确到某周或某日的第一次回款时间。传票签收客户第一次回款时间精确到周或日的分析方法是相同的——统计诉后每天或每周的回款个数(因金融公司的扣汇款数据大都每日生

成,故统计每日/周回款个数难度不大),然后通过折线图看数据走向。如根据下图,可以得出诉后三个月回款数量逐渐走低的结论,诉后第一月下半旬的回款最为集中,诉后第二月上半旬回款同样较为乐观,诉后第三月回款较差(图10-8)。

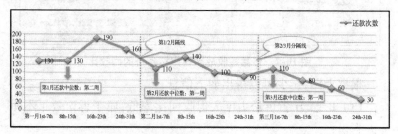

图 10-8　传票成功签收客户第一次回款发生时间按周分布

通过对传票签收客户月还款情况和第一次回款时间的分析,我们可以观测诉后客户的还款是否呈现一路递减或有小高峰出现,深入挖掘还可以分析出诉讼客户的大致还款习惯和诉讼效力的时间局限性,可以根据诉讼客户的还款习惯顺势引导加大回收金额,同时也需要加大回款弱势阶段的其他催收手段。

10.4　法催申请法院强制执行的相关分析

10.4.1　申请法院强制执行的相关建议

10.4.1.1　委托执行案件的方式

根据《民事诉讼法》第二百二十四条规定:发生法律效力的民事判决、裁定,以及刑事判决、裁定中的财产部分,由第一审人民法院或者与第一审人民法院同级的被执行的财产所在地人民法院执行。

基于集中化管理所能带来高效、节约和标准统一的优势,现行主流的申请法院强制执行的操作方式为:金融公司法催人员在常规诉讼中拿到判决且判决生效后,提交执行申请材料给出具判决的一审法院,再由一审法院决定在本地执行(本地客户)、直接到外地执行或统一转委托给财产所在地的人民法院(外地客户)。由于一审法院直接前往外地执行会耗费大量人力物力,往往仅限于当地社会影响力较大或执行标的金额较大的案件,故汽车金融类案件极少采用外地执行,一般多采用在一审法院执行立案,进行网上执行,查封冻结其名下的银行账户、股票、网络账户,在相关财产线索明确的情况下转委托给财产所在地的人民法院进行协助或事项委托执行的方式。①

实践中金融公司法催人员在拿到生效判决后自行或由当地工作人员直接委托财产所在地的外地法院进行强制执行的操作方式,与由一审法院委托执行相比,往往存在外地法院受理难、立案难,且需要多次往返外地法院的情况,耗时、耗力,成本高、收效低,除特殊情况下的个别法院和个别案件外,该种方式不宜采用。

10.4.1.2 委托执行案件的筛选

根据现行法律法规不存在无法委托法院执行的事由,一审法院一般也不会限制受理本院生效判决文书的执行立案,且在执行成功前不收取执行费用,符合申请执行条件的案件,应尽可能多地向一审法院申请执行,以提高执行回收的总金额,及为呆账核销损失抵税提供法律文书,但申请执行前仍需要一定的筛选,以下为筛选时需注意的事项。

(1) 申请执行的金额应注意扣除客户在判决后的还款(包括核销前后还款),如客户已结清(含减免后部分结清)应筛除。

(2) 对于拿到生效判决且符合债权转让条件(如已控制抵押车辆)的案件,根据金融公司的政策侧重,自行选择采取强制执行

---

① 2015年8月,《在全国法院执行工作座谈会上的总结讲话》对委托执行有以下两点要求:一是已经接受委托的受托法院,对委托案件与自己受理的其他执行案件应一视同仁,认真负责地办理,善始善终,并对执结案件负有责任;二是尚未委托的,执行法院暂时不要委托,一律采取协助执行和事项委托方式来处理。

还是债权转让,选择债权转让方式的案件丧失申请执行的权利。

(3)申请的执行金额除生效判决书中包含的本金、利息、罚息、诉讼费、公告费等外,还应包括按照判决文书中判决的办法来计算判决后产生的罚息。

(4)对核销前取得判决文书的客户可等待核销后再申请强制执行,这样既可以给客户一定的宽限期,又可以避免因客户部分还款,而需要与执行法院频繁进行沟通和相关执行操作。

10.4.2 申请法院强制执行的效果分析

法院强制执行回收与电话催收、现场催收相比耗时长、见效慢,故在金融公司开展催收工作时,领导层可能更倾向于选择见效更快的电话催收和现场催收的方式,但法院强制执行回收有其自身独特优势,对电话催收、现场催收无能为力的案件依然能取得明显的催收效果。

10.4.2.1 最近三年每年申请执行案件 VS 未申请执行的核销案件的回款情况

假设某家金融公司在逾期客户核销后首先采用电话催收的方式,经几轮自催和外包催收(含电话催收和现场催收)无效后再转给法院申请执行。

现在我们首先分析该金融公司最近三年每一年周期内申请执行的核销案件 VS 未申请执行的核销案件的回款比率(回款比率 = 回款金额/核销金额),其中:

(1)申请执行的核销案件回款仅指通过执行收回的款项,未申请执行的核销案件回款包含电话催收、现场催收回款、诉讼后客户自愿还款。

(2)申请执行的核销案件与未申请执行的核销案件的回款均剔除了控制车辆后的回款。

(3)未执行核销案件催收时间从核销后第一天开始,申请执行的核销案件则从执行立案后的第一天开始,一般在核销后第 N

天(该 N 天前系电催、现场催收的时间)开始;

(4)由于申请执行 VS 未申请执行的核销案件在样本数量、核销金额和回款金额的绝对数值都有较大区别,故以回款比率作为对比数据更加科学准确。

如图 10-9 的数据:

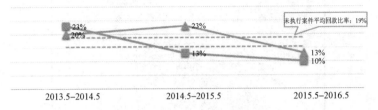

图 10-9 执行 VS 未执行案件回款比率对比

其中,横坐标表示该段区间申请执行的核销案件和未执行的核销案件的回款情况。比如 2013.5-2014.5 申请执行的核销案件至今经历了三年的回款周期(含当年,以下同),后面两个时间段的回款周期则逐年递减,分别为两年和一年。

10.4.2.2 满三年回款周期的申请执行案件 VS 未申请执行的核销案件的每年回款情况

换种思维方法,再来分析,以满三年回款周期的所有申请执行案件 VS 未申请执行的核销案件,比较在申请执行前及各自的催收工作开始后第一、二、三年的回款比率。

其中,内环对应的是申请执行的核销案件回款比率,外环对应的是未申请执行核销案件的回款比率。得出图 10-10 的数据:

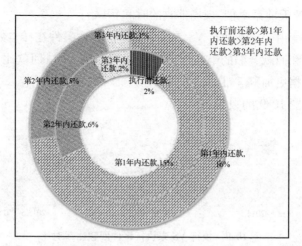

图 10-10 执行(内) VS 未执行(外)核销案件三年内回款比率分析

通过以上两者回款情况的分析,可以得出如下结论:

(1)无论是采用申请法院强制执行,还是核销后电话催收、现场催收,其最重要的回款区域是第一年,而第二年、第三年回款效果随时间推移下降明显,回款效果趋向于零,其中以电话催收、现场催收方式更明显。汽车金融公司对核销后案件采取催收方式后,应注意把握好第一年的黄金回款时机。

(2)对经过几轮电催、现场催收仍无效的回收难度高的核销案件,采用执行方式后回收效果较明显。这说明强制执行是与电催并行的有力催收手段,金融公司应予以足够重视。

(3)粗看数据分析结果,从回款比率来讲,强制执行似与电催、现场催收效果相比无明显优势,这可能是因为该金融公司对申请执行的核销案件先经过几轮核销后电催、现场催后才申请执行,相对于核销时间,执行案件时间平均有 N 天的滞后期,如要准确分析申请执行 VS 未申请执行案件的回款效果,还需做进一步分析。

10.4.2.3 申请执行案件 VS 未申请执行的核销案件的案件质量分析

以该金融公司执行案件的申请时间平均滞后于核销时间 N 天为界限,统计核销 N 天前/后两类案件的回款情况,得出执行与电催、现场催收的前后两区域回款的分布比例情况为执行回款比率分布为 3:7,而电催、现场催收分布为 7:3(图 10-11)。

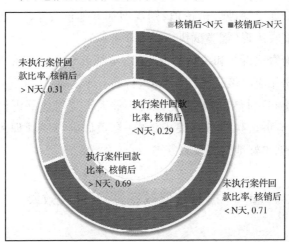

图 10-11 执行(内) VS 未执行(外)案件核销 N 天前/后回款比率分析

上述回款比率说明:如不采用执行手段,执行案件样本较电话催收、现场催收案件样本更难回款,案件质量明显较差;而根据前面数据分析,在采取执行措施后,执行案件却取得了与电话催收、现场催收案件类似的回款效果,这充分说明,对疑难案件,申请执行回款的效果优于以电话催收、现场催收回款的效果。

10.4.2.4 基于执行数据分析的相关建议与结论

根据以上三组数据分析,可以得出:

(1)假定某金融公司三年内申请执行的核销案件回款总比率为 A(用三年总的执行回款金额/核销金额),未申请执行的核销案件回款总比率为 B,且所有通过几轮电话催收、现场催收后无效的核销案件最终都委托执行,则核销后案件三年内累计回收率理论上的最高值可达到 B + (1 - B) × A。

(2) 若该理论值明显高于该金融公司现有实际三年累积收回率(需剔除其他回收措施,如拖车),则说明该金融公司执行案件对电话催收、现场催收失效案件的覆盖率偏低,单纯通过加强执行案件的覆盖率,即能使核销后回款率获得大幅度的提升。

(3) 如要突破该理论值,则需增加其他催收手段(如拖车),并优化催收流程(如尝试执行提前介入等)。

明晰常规诉讼和执行的有效性,可帮助金融公司管理层更果断地做出相应决策;了解诉讼和执行的有效区间,则可更有针对性地使诉讼和执行效用最大化。而法催人员更需建好诉讼执行台账,将所有诉讼执行数据集中汇总,真正做到有序管理和高效使用,让数据更好地为决策服务。

10.5 提高法催效率,提升回收效果

在法务催收的最后一部分,我们对如何提高法催效率,提升回收效果的核心问题的经验及方法归纳总结如下。

10.5.1 扩大规模,提高效率

对于单个案件金额比较小的汽车零售金融业务而言,没有规模就没有效率与效益,因此在金融机构自身有法催需求的情况下,尽量扩大法催规模,是提高法催效率的重要保障。

首先,需要争取司法资源,以便将案件集中诉讼执行,即,将逾期客户集中到一家法院进行诉讼执行,最好是公司所在地法院,这样可以方便开展批量诉讼执行,如批量地制作诉讼材料(法院要求相同)、批量地办理立案、批量地同一天同一地点开庭,以及批量地开展后续包括执行在内的各类工作,如此可以大大提高效率,节省各类成本,特别是与法院沟通的成本。

其次,公司内部要有足够资源支持,如资金、人力、财务流程等方面;注意文档、数据方面的规范化管理,以便在诉讼执行时能及时、方便地调取所需的合同等文件的原件,放款、还款数据,催收情况等;注意加强法催团队建设,争取实现人员专业化、岗位专职化、流程制度化、操作自动化。

10.5.2 精细操作,节省费用

在扩大法催规模、提高效率的同时,还需要注意精细化操作,节省相关费用开支。

(1) 相对仲裁,优选诉讼。一般情况下,诉讼收费比仲裁收费更便宜,且后续便于申请强制执行。

(2) 约定管辖,集中诉执。利用合同中的约定管辖条款指定的法院,进行集中诉讼执行,可大幅度节省各种成本。

(3) 简易程序,时费减半。与管辖法院沟通,优先采用简易诉讼程序,则诉讼时间和受理费用都可减半。

(4) 用好诉讼费用减免退转政策。用好国家和法院的有利政策,降低法催成本,如诉讼费减半,免除,胜诉退费[1]、执行费转嫁被执行人等。

(5) 合理选案,择机诉讼。在诉讼资源有限的情况下,优选合适的逾期客户,在合适的时机进行诉讼,以减少浪费。

(6) 工作到位,避免返工。

(7) 批量操作,提高人均产能。

(8) 是否保全,因案而异。汽车金融类案件,鉴于客户多是自然人,且数量众多,除贷款车辆外,往往其他财产线索有限,综合考虑成本与效率的原因,除财产线索明确易于保全或有急切需求外,采取诉前和诉讼保全的情况较少。

---

[1] 如《上海市高级人民法院关于开展"胜诉退费"专项整改活动的通知》,沪高法[2018]111号。

(9) 约定诉讼送达地址,避免公告送达。在民事诉讼执行中,如不能正常及时送达,则要进行耗时耗力的公告送达,增加成本,影响效率。汽车金融类案件中,被告多是自然人,往往会因人员迁徙、地址变动、通讯失联等原因造成无法送达的情况,如果提前在合同中就纠纷/诉讼期间的送达地址进行专门明确约定,可避免公告送达,提高效率,降低费用。

10.5.3 团队配合,流程灵活,方法多元,提升回收

在提升回收效果方面,法催团队可通过与其他公司或团队相互协作与赋能,共享工作成果;打破固化流程,采取网状模式,遇到特殊事件,法催人员根据需要随时介入,与其他团队人员结成工作小组,相互合作,发挥各自优势,更好地处理事件。

上述措施使法催能够采用多种方法,在多阶段、多方面更好地回收减损,取得"一鱼多吃"的良好综合效果。

(1) 诉讼各阶段。各催收团队人员(如电催、现场、法催)可借助共享的诉讼信息向被诉逾期客户施压,取得更好的回收效果。

(2) 执行阶段。各催收团队人员,特别是现场人员,可以在逾期被执行客户失联修复、财产线索发掘方面提供有力支持。

(3) 债权申报。尤其在申报机会的发现和现场沟通方面需要多团队相互协作赋能。

(4) 呆账核销损失抵税。呆账核销损失抵税往往需要由法催团队和公司财税人员相互配合,共同完成。

(5) 刑事立案。针对金融欺诈类案件,如果通过刑事立案成功侦办,除能取得回收,减少损失外,往往还能起到杀一儆百的作用,对某些方式、领域、甚至区域的同类欺诈案件有很好的警示预防作用,因此建议金融机构尽早与警方建立联系与合作,以备不时之需。其中应注意的是对案件的自行筛选(选择合适典型的刑事案件)及对报案机构的选择[充分运用管辖(如公司注册所在地、办公所在地、合同签订地、放款地、车辆交付地等)选择合适的警方机构进行报案],以提高刑事立案的成功率。